Michael Skeide

SCHLAUER IM SCHLAF und andere LERNMYTHEN

Michael Skeide

SCHLAUER IM SCHLAF und andere LERNMYTHEN

Wie die Hirnforschung die größten Irrtümer entlarvt und wie wir wirklich besser lernen

mvgverlag

Bibliografische Information der Deutschen Nationalbibliothek
Die Deutsche Nationalbibliothek verzeichnet diese Publikation in der Deutschen Nationalbibliografie. Detaillierte bibliografische Daten sind im Internet über https://dnb.de abrufbar.

Für Fragen und Anregungen
info@m-vg.de

Wichtiger Hinweis
Dieses Buch ist für Lernzwecke gedacht. Es stellt keinen Ersatz für eine individuelle medizinische Beratung und Ernährungsberatung und sollte auch nicht als solcher benutzt werden. Wenn Sie medizinischen Rat einholen wollen, konsultieren Sie bitte einen qualifizierten Arzt. Der Verlag und der Autor haften für keine nachteiligen Auswirkungen, die in einem direkten oder indirekten Zusammenhang mit den Informationen stehen, die in diesem Buch enthalten sind.

Originalausgabe
1. Auflage 2025

Türkenstraße 89
80799 München
Tel.: 089 651285-0

Redaktion: Petra Holzmann
Umschlaggestaltung: Sabrina Pronold
Umschlagabbildung: Adobe_Stock/smalvik
Satz: Daniel Förster
Druck: GGP Media GmbH, Pößneck
Printed in the EU

Wir produzieren nachhaltig
www.m-vg.de

ISBN Print 978-3-7474-0701-1
ISBN E-Book (EPUB, Mobi) 978-3-98922-120-8

INHALT

1.

AUFWÄRMRUNDE

Lernen kann sooo langweilig sein. Oder zumindest anstrengend. Aber ohne Lernen gibt es kein Können. Und: »Kannst du was, bist du was« – wie ein altes Sprichwort behauptet. Zum Beispiel diejenige Person, die ständig um Hilfe gebeten wird. Im Ernst: Wissen erweitert den Horizont. Meistens zumindest. Denn vielleicht wollen Sie ja lieber nicht ganz so genau wissen, was andere Leute über Sie denken. Doch würden Sie sich dagegen wehren, sämtliche Sprachen der Welt sprechen zu können? Oder würde es Ihnen etwas ausmachen, all Ihre Lieblingsinstrumente spielen zu können? Was ist mit Mathe komplett verstehen? Aber gerne doch!

Wie funktioniert Lernen? Und wie lernt es sich eigentlich am besten? Dazu gibt es erstaunliche Vorstellungen. Ein Beispiel: Angeblich bevorzugt jeder Mensch einen anderen Sinneskanal, um Informationen aufzunehmen. Als »Seh-Typ«, so die Behauptung, behalten Sie neue Informationen bereits, wenn Sie aufmerksam lesen und schreiben. Ein sogenannter

»Hör-Typ« lernt am besten beim aufmerksamen Zuhören. Diese Vorstellungen gehen bis hin zu »kinästhetischen« Typen, die am liebsten sozusagen mit ganzem Körpereinsatz lernen. Untersuchungen, die das beweisen, habe ich allerdings vergeblich gesucht.

Warum halten sich solche Lernmythen so hartnäckig? Und wer kann sie zum Mond schießen? Oder besser noch: in ein anderes Universum? Hier könnte die Wissenschaft helfen. Aber die hat in der Öffentlichkeit eine erstaunlich leise Stimme, wenn es um das Thema »Lernen« geht. Stimmen aus der Praxis höre ich oft lauter. Meine Tochter sollte in der Grundschule *nach Gehör* schreiben. So wollte man ihr das *Lesn* und *Schraim* lernen erleichtern. Denn Korrekturen können Kinder verunsichern und ihnen die Lust am Lesen vermiesen, so die Begründung. Auf diesen gut gemeinten Rat kam übrigens eine engagierte Lehrkraft in den 1980er-Jahren, die hier nicht namentlich verpetzt werden soll. Unglaublich, wie sich diese Idee in den Grundschulen verbreitet hat und wie lange sie sich halten konnte. Viele Eltern fanden *Lesn* und *Schraim* am Ende der vierten Klasse nicht mehr so niedlich.

Ihre Nebenrolle hat sich die Wissenschaft in meinen Augen selbst eingebrockt. Das hat mindestens zwei Gründe. Der erste Grund: Sie schafft es nur selten, zu erklären, was sie wirklich leistet. Und wenn der Journalismus einspringt, führt das gar nicht so selten zu einer Verschlimmbesserung. Schade eigentlich. Kommen wir zum zweiten Grund: Es ist schwer, verständlich über Wissenschaft zu schreiben. Und viele, die es versuchen, halten sich außerdem nicht an die Spielregeln: Welche Studie belegt meine Behauptung? Wie eindeutig sind die Beweise? Welche Schlüsse darf ich daraus ziehen? Wenn Prof. Dr. Dr. Dr. XYZ meinungsstark warnt, dass Smartphones dem Lernen schaden, ist das noch lange keine wissenschaftlich begründete Aussage. Manchmal ist in einer Behauptung eben nicht das drin, was draufsteht.

Ich glaube an eine Wissenschaft des Lernens. Und ich bin davon überzeugt, dass Wissenschaft verständlich erklären kann, was funktioniert und was weniger funktioniert, was stimmt und was weniger stimmt. Ohne verklausulierten Fachjargon, sondern im So-klar-wie-möglich-Text. Darum bemühe ich mich in diesem Buch.

Was habe ich vor? Nehmen wir dazu die Redewendung »Jemandem einen Bären aufbinden«. Ich möchte mit diesem Buch gerne zehn Bären von Ihnen losbinden. Stellen Sie sich diese Bären als Schauspieltalente vor. Sie geben sich geschickt als seriöse Erklärbären aus und wollen Ihnen eis(bären)kalt immer wieder ihre Lernmythen unterjubeln. Einer flüstert Ihnen zum Beispiel ins Ohr: »Wussten Sie eigentlich schon, dass Sie nur zehn Prozent der Gedächtniskapazität Ihres Gehirns nutzen?« Dann denken Sie vielleicht erst mal: »Wow, echt?« In dem Moment tippe ich sanft auf Ihre Schulter und weise höflich darauf hin: »Sie haben da was auf Ihrem Rücken!«

Gegen Ende des Buches zeige ich Ihnen, wie man Erklärbärenfallen aufstellt. Außerdem verrate ich, was man denn wirklich tun kann, um lebenslang lernfähig zu bleiben.

2.

BEWEISE BITTE!

Ich bin Wissenschaftler, genauer gesagt: Gehirnentwicklungsforscher. Deshalb möchte ich möglichst eindeutig beweisen, was ich Ihnen hier erzähle. In meinem Beruf ist das eigentlich selbstverständlich. Was hätten Sie auch von einem Wissenschaftler, der in eine andere Rolle schlüpft und nur seine eigene Meinung herausposaunt? Das bedeutet auch, dass ich es offen zugebe, wenn die Wissenschaft mal keine Beweise parat hat. Oder wenn die Beweislage gerade eher mau ist.

Um meines Amtes zu walten, habe ich wissenschaftliche Datenbanken nach Fachtexten zu den einzelnen Themen dieses Buches durchsucht. Dann habe ich die potenziell passenden Fachtexte gelesen. Ein paar davon haben es in dieses Buch geschafft, genauer gesagt 89 Artikel. Jeden dieser Artikel habe ich überprüft und ihm je nach Qualität eine bestimmte »Beweiskraft-Stufe« zugeordnet. Diese Stufen möchte ich Ihnen kurz erklären, damit Sie meine Bewertungen nachvollziehen können.

Stufe 5/5

Bedeutet: Daran gibt es wirklich nichts zu rütteln.

Diese Ergebnisse sind mehrfach unabhängig bestätigt worden. Dabei gibt es keine nennenswerten Einschränkungen. An solchen wasserdichten Beweisen war ich natürlich besonders interessiert. Aber sie sind schwer zu finden. Trotz sorgfältiger Suche sind nur zwölf der 89 Artikel auf dieser höchsten Stufe gelandet.

Stufe 4/5

Bedeutet: ein belastbarer Beweis.

Die Fragestellung ist klar und die Untersuchung liefert ebenfalls eine klare Antwort. Hier und da wünscht man sich vielleicht noch mehr Daten oder eine weitere Kontrolluntersuchung. Aber insgesamt kann man sich auf die Ergebnisse verlassen.

Stufe 3/5

Bedeutet: Auf den ersten Blick sieht alles in Ordnung aus.

Bei näherer Betrachtung hapert es dann aber doch an der einen oder anderen Stelle. Ein Beispiel sind kleine Trainingseffekte, die größer dargestellt werden, als sie eigentlich sind. Hier sollte man den Ball flach halten.

Stufe 2/5

Bedeutet: wenig überzeugend.

Typisch sind hier mehrdeutige Ergebnisse, die viel Spielraum in der Auslegung lassen. Oder sogar ganz andere Erklärungen, die nicht ausgeschlossen werden können. Häufig ist die Untersuchung nicht streng genug kontrolliert oder nicht groß genug angelegt. Vorsicht!

Stufe 1/5

Bedeutet: nicht seriös.

Die Datenqualität ist fragwürdig oder grundlegende handwerkliche Fehler fallen sofort auf. Stellenweise stolpert man über widersprüchliche Aussagen. Es gibt gute Gründe, dieser Untersuchung zu misstrauen.

Stufe 0/5

Bedeutet: unverantwortlich.

An den Haaren herbeigezogene Schlüsse, die von den Daten überhaupt nicht gestützt werden. Nur ein Artikel in diesem Buch hat sich diese Blöße gegeben. Der Anteil wäre aber vermutlich weitaus höher, wenn ich die gesamte Literatur gelesen hätte. Aber leider bräuchte ich dafür mehr als ein Leben.

Die Welt der Forschung ist kein Ponyhof. Wissenschaftliche Untersuchungen werden (mehr oder weniger) rigoros begutachtet, bevor sie zur Veröffentlichung freigegeben werden. Diese Begutachtung läuft anonym ab. Wenn es schlecht läuft, weiß man als Wissenschaftler also nie, welche Kolleg*innen einen mal wieder auseinandergenommen haben. Bekommt man dann eine Arbeit um die Ohren gehauen, an der man jahrelang gearbeitet hat, ist das natürlich frustrierend. Aber es geht nun mal um die Sache und nicht um Befindlichkeiten. In diesem Sinne bitte ich alle Kolleg*innen, meine Beweiskraft-Einstufungen nicht persönlich zu nehmen. Ich möchte die Leistung der Beteiligten keinesfalls schmälern und ich weiß ihre aufwendige Arbeit sehr zu schätzen. Meine eigenen Werke, dieses Buch mit eingeschlossen, stehen natürlich auch zur offenen Diskussion.

3.

LERNEN IM SCHLAF

Den Timer für den Audio-Sprachkurs einschalten, die tonausgabefähige Maschine ans Bett stellen, einschlafen, aufwachen und am nächsten Morgen wieder ein bisschen besser Chinesisch sprechen. Ein Traum, oder? Wir verschlafen schließlich locker ein Drittel unseres Lebens. Da wäre es doch nett, aus dieser Masse an Zeit mehr machen zu können. Vokabeln zu pauken, kann ein hartes Brot sein. Da käme sie doch gerade recht, diese Kopfarbeit in Abwesenheit.

Kein Gerät mit Timer zu haben, wäre keine überzeugende Ausrede für das Lernen beim Schlummern. Denn es gibt schließlich auch andere Lösungen. Man könnte zum Beispiel jemanden bitten, ein Audio-Ausgabegerät anzuschalten, nachdem man eingeschlafen ist. Obwohl das natürlich schon aufwendiger wäre. Und bei dieser Maßnahme zeigt sich auch das erste ernsthafte Problem, nämlich die Beantwortung der Frage: Welchen Einfluss haben Geräusche auf die Schlafqualität? Ein besonders heikles Thema für ruhebedürftige geräuschsensible Wesen wie mich. Ohne meine Ohrstöpsel geht nichts. Ich brauche zum Schlafen Stecknadelfallstille. Ich hatte kürzlich mal nachts keine Ohrstöpsel zur Hand und habe den nächsten Tag im Körper eines Zombies erlebt. Dieses Erlebnis passt zu dem Ergebnis einer Untersuchung[1], die ich für einigermaßen solide halte (Beweiskraft-Stufe 3/5). Sie zeigt, dass die Robustheit des Schlafes gegenüber Geräuschen individuell sehr unterschiedlich ist. Ich bin mir sicher: Mein Schlaf wäre bei Beschallung so robust wie mein Vorsatz, nie wieder Zucker zu essen.

Na gut, was ist mit den weniger geräuschempfindlichen Menschen? Haben sie eine Chance auf erholsamen Schlaf, wenn hörbar neben ihrem Bett gesprochen wird? Das könnte man meinen, wenn man sich den Artikel[2] mit der Überschrift *Das Gehirn verteidigt seinen Schlaf gegen Lärm* in einer bekannten Tageszeitung durchgelesen hat. Doch die Untersuchung[3], die dort besprochen wird, ist in meinen Augen handwerklich ausbaufähig und befindet sich auf Beweiskraft-Stufe 1/5. An der Studie haben sich junge Leute beteiligt, die freiwillig drei Stunden früher aufgestanden sind. Es handelte sich somit um einen Eingriff in den natürlichen Schlafrhythmus. Am Abend haben sie sich eine Hirnstromkappe aufgesetzt und versucht, in einem Hirnmessmagneten zu schlafen – mit Kopfhörern, durch die sie Töne hörten. Das war gegen 21 Uhr, also ganz schön früh. So früh gehen höchstens Leute wie ich ins Bett. Zu bedenken ist auch, dass Hirnstromkappen Noppen haben, die ein bisschen wehtun, wenn man darauf liegt. Auch Kopfhörer fördern nicht gerade den Schlafkomfort. Das könnten Gründe sein, warum die Versuchspersonen so zappelig eingenickt sind. Für die Qualität der Daten sind Zappeleien aber ein echtes Problem. Sie können Hirn-Signale auslöschen. Deswegen bleibt offen, ob das Gehirn bei Geräuschen im Schlaf tatsächlich seine Hörsensoren herunterregelt. Oder ob die Signale weggezappelt worden sind. Außerdem bildet das Ergebnis nur die ganze Gruppe ab. Wir wissen nicht, wie gut der Lärmschutz bei einzelnen Personen geklappt hat.

Ein letzter Rettungsversuch: Schlafen trotz Geräuschkulisse kann man vielleicht trainieren. Manche Menschen, die eine militärische Spezialausbildung durchlaufen, machen das angeblich auch. Aber möchte man sich diesen Verlust an Lebensqualität wirklich antun? Droht bei dieser Geräuschkulisse nicht ein Schlafentzug, der wiederum erwiesenermaßen die Lernfähigkeit beeinträchtigt (Untersuchung[4] auf Beweiskraft-Stufe 5/5)? Mit diesen Zweifeln verliert die Idee, sich das Lernen im Schlaf anzutrainieren, doch einiges an Reiz.

Meine Empfehlung: Lassen Sie Ihre Schlafruhe lieber in Ruhe. Selbst wenn Lernen im Schlaf funktionieren würde (dazu kommen wir gleich), wäre der Preis zu hoch. Warum? Die Antwort gibt uns die schon angesprochene erste Untersuchung[1]: Je höher der Geräuschpegel, desto weniger *Schlafspindeln* erzeugt das Gehirn. Schlafspindeln sind ganz besondere Hirnströme; *zackige* Hirnströme im wahrsten Sinne. Der Stromfluss wird in Sekundenbruchteilen abwechselnd stärker und schwächer. Wird das aufgezeichnet, wird eine scharf gezackte Linie sichtbar. Das sind Spindeln. Sie entstehen bei leichtem Schlaf. Und warum ist es nun wichtig, dass unser Gehirn solche Schlafspindeln produziert? Weil sie anzeigen, dass das Gehirn Eindrücke des Tages im Schlaf noch einmal durchspielt. Wird diese Replay-Taste blockiert, brennen sich Eindrücke weniger stark ins Gedächtnis ein. Das haben unzählige, zum Teil sehr überzeugende starke Untersuchungen[5] gezeigt (mit Beweiskraft-Stufe 5/5). Lernen im Schlaf wäre also vermutlich mit Verlusten verbunden, denn die Inhalte, die beim Schlafen durch Audiotexte hinzukommen, würden Inhalte verdrängen, die davor im Wachzustand aufgenommen worden sind.

Doch nun zur entscheidenden Frage: Kann das mit dem Lernen im Schlaf überhaupt funktionieren? Ich sage: wenn überhaupt, dann nur bei leichtem Schlaf. Also praktisch nur in der Einschlafphase. Startet also der Lern-Audiokurs später, können wir nicht sicher sein, ob wir gerade in einer Leicht- oder in einer Tiefschlafphase sind.

Aber warum kommt nur leichter Schlaf infrage? Das wissen wir aus einer recht geschickt gemachten Untersuchung[6] (Beweiskraft-Stufe 3/5). Dort waren Versuchspersonen eine ganze Nacht lang an ein Hirnstrommessgerät angeschlossen. So konnten sie alle Schlafphasen durchlaufen, und man konnte ablesen, in welcher Schlafphase sie sich gerade befanden. Dabei bekamen sie über einen Lautsprecher einzelne Wörter vorgespielt. Ihre Aufgabe war, per Tastendruck mit der linken oder rechten Hand zu entscheiden, ob das Wort ein Tier oder ein Gegenstand war. Das konnten sie nur bei leichtem Schlaf. Und, ganz entscheidend: Nur bei leichtem Schlaf kam die Bedeutung der Wörter überhaupt im Gehirn an. Im Tiefschlaf dagegen kam nur die Sprachakustik an, aber nicht die Wortbedeutung.

Dem Lernen im Schlaf sind inzwischen schon viele (Erklärbären-)Felle davongeschwommen. Wir wissen: Es könnte nur beim Einschlafen gehen. Gerade in dieser Phase würde es jedoch einige Menschen nerven. Außerdem würde es womöglich mit anderen Gedächtnisinhalten konkurrieren. Das könnte ein schlechter Deal sein. Da könnte es vielleicht passieren, dass die neu gelernten Chinesisch-Vokabeln den Zugang zu einigen wichtigen Englisch-Vokabeln erschweren.

Aber es gibt noch eine Variante: Das Lernen *vor* dem Schlafen. *Vor* dem Schlafengehen Gelerntes merkt man sich besser, so die Behauptung. Und … da scheint wirklich etwas dran zu sein. Aber, und das ist ein großes ABER, der Effekt ist viel (sehr viel) kleiner, als die Wissenschaft jahrzehntelang angenommen hat. Man stelle sich vor, 100 ist der größtmögliche Riesen-Effekt, 50 ein mittelgroßer Effekt und 0 absolut gar kein Effekt. Was schätzen Sie, wie groß der Effekt des Lernens vor dem Schlafen im Durchschnitt ist? Eine zusammenfassende Auswertung[7] vieler einzelner Untersuchungen verrät es uns: ungefähr 28. Das ist eher dürftig. Die Beweiskraft-Stufe der Untersuchungen dagegen: stolze 4/5. Die Auswertung[7] lässt allerdings keine Rückschlüsse auf einzelne Personen zu, denn es wurde nur so etwas wie ein Durchschnittswert ermittelt. Also probieren Sie es ruhig. Gehen Sie

Ihren gewünschten Lernstoff vor dem Schlafen noch einmal aufmerksam durch. Machen Sie sich dabei bewusst, dass das Gelernte wichtig ist. Vielleicht haben Sie Glück und bei Ihnen ist der Effekt etwas stärker. Immerhin! Aber erwarten Sie bitte keinen krassen Unterschied.

Ich jedenfalls fange damit gar nicht erst an. Sonst besteht die Gefahr, dass ich wieder so wach werde, dass ich danach nicht einschlafen kann. Ich lerne lieber tagsüber. Außerdem: Lernen *im* Schlaf wäre eine große Sache, wenn es möglich wäre, denn man müsste dafür nicht wirklich aktiv werden. Lernen *vor* dem Schlafen dagegen bleibt Lernen. Und vermutlich hat man am Abend Entspannteres zu tun: an gar nichts mehr denken zu müssen, zum Beispiel.

Wenn Sie sich gegen das Lernen vor dem Schlafengehen entscheiden: Welcher Tageszeitpunkt wäre denn eigentlich der effektivste, um zu lernen? Im Einzelfall wird sich das kaum feststellen lassen, weil es zu viele Faktoren gibt. Das hängt unter anderem davon ab, was für ein Chronotyp Sie sind. Also wie früh oder spät Sie schlafen gehen und aufstehen. Die Verteilung dieser Chronotypen wurde in einer Fragebogen-Untersuchung[8] in Deutschland zunächst mit über 55.000 und inzwischen mit Hunderttausenden Versuchspersonen bestimmt (Beweiskraft-Stufe 5/5). Daraus zeichneten sich unglaubliche individuelle Unterschiede ab. Extreme Lerchen haben schon ausgeschlafen, wenn extreme Eulen sich erst schlafen legen.

Was für ein Chronotyp Sie sind, hängt auch damit zusammen, in welchem Lebensabschnitt Sie sich gerade befinden.

Die meisten von uns starten als Kleinkind mit einer Lerchen-Karriere, erreichen dann mit circa 20 Jahren ihre Eulen-Hochphase und werden dann mit fortschreitendem Alter wieder lerchenhafter (siehe Untersuchung[9] mit Beweiskraft-Stufe 5/5). Dementsprechend wird seit Langem diskutiert, ob der Schulunterricht im späten Jugendalter auf den Nachmittag verlegt werden sollte. Schließlich seien die meisten älteren Jugendlichen am Morgen noch wie im chronotypischen Jetlag und somit nur eingeschränkt lernleistungsfähig.

Tatsächlich gibt es eine Untersuchung[10], die diese Forderung mit Daten untermauert hat (Beweiskraft-Stufe 3/5). An einer Schule in Buenos Aires wurden Jugendliche zufällig in eine von drei Klassen aufgeteilt. Eine Klasse begann morgens um 7:45 Uhr, die andere mittags um 12:40 Uhr und die dritte spätnachmittags um 17:20 Uhr. Über einen Beobachtungszeitraum von fünf Jahren hinweg hatten die morgens beschulten Jugendlichen schlechtere Mathe-Noten und ein höheres Risiko, die Klasse wiederholen zu müssen. Erwartungsgemäß fiel der im Durchschnitt mittelgroße Effekt für Eulen am größten aus. Leider müssen wir mit der Einschränkung leben, dass wir aus diesen Beobachtungen keinen ursächlichen Zusammenhang zwischen Chronotyp und Schulleistung ableiten können. Mit einer größeren Untersuchungsgruppe und anderen Auswertungsmethoden wäre das in Zukunft aber vielleicht möglich. Sollte sich das Ergebnis bestätigen, wäre wohl nicht nur in der Schule über ein Chronotypen-Matching nachzudenken.

Wie ein Stein? Oder wie eine Feder?

[1] Dang-Vu T … (2010) Spontaneous brain rhythms predict sleep stability … Current Biology 20, R626–R627. https://doi.org/10.1016/j.cub.2010.06.032

Beweiskraft:

Das Gehirn verteidigt den Schlaf gegen Geräusche.

[2] Schlafen trotz Lärm. Gute Nacht, Gehirn. Süddeutsche Zeitung: https://www.sueddeutsche.de/leben/schlafen-trotz-laerm-gute-nacht-gehirn-1.51092

[3] Czisch M … (2009) Acoustic oddball during NREM sleep … PLOS One 4, e6749. https://doi.org/10.1371/journal.pone.0006749

Beweiskraft:

Ein schlafloser Kopf studiert nicht gern.

[4] Newbury CR … (2021) Sleep deprivation and memory ... Psychological Bulletin 147, 1215–1240. https://doi.org/10.1037/bul0000348

Beweiskraft:

Die Replay-Taste des Gehirns.

[5] Girardeau G … (2021) Brain neural patterns and the memory function of sleep. Science 374, 560–564. https://doi.org/10.1126/science.abi8370

Beweiskraft:

Im Tiefschlaf kein Zutritt für Wörter.

[6] Andrillon T … (2016) Neural markers of responsiveness to the environment in human sleep. The Journal of Neuroscience 36, 6583–6596. https://doi.org/10.1523/jneurosci.0902-16.2016

Beweiskraft:

Lernen dann Schlafen hilft dem Gedächtnis kaum.

[7] Berres S … (2021) The sleep benefit in episodic memory … Psychological Bulletin 147, 1309–1353. https://doi.org/10.1037/bul0000350

Beweiskraft:

Von Lerchen und Eulen.

[8] Roenneberg T … (2004) A marker for the end of adolescence. Current Biology 14, R1038–R1039. https://doi.org/10.1016/j.cub.2004.11.039

[9] Roenneberg T … (2007) Epidemiology of the human circadian clock. Sleep Medicine Reviews 11, 429–438. https://doi.org/10.1016/j.smrv.2007.07.005

Beweiskraft:

Im Schuljetlag.

[10] Rodríguez Ferrante G … (2023) A better alignment between chronotype and school timing … Science of Learning 8, 21. https://doi.org/10.1038/s41539-023-00171-0

Beweiskraft:

4.

WAS HÄNSCHEN NICHT LERNT …

»Was Hänschen nicht lernt, lernt Hans nimmermehr.« Was ist dran an dieser alten Weisheit? Leidet unsere Fähigkeit, zu lernen, darunter, dass wir älter werden?

In den ersten Lebensmonaten sind unsere Augen und Ohren offen wie Scheunentore. Babys lassen fast alle Sinneseindrücke nahezu ungefiltert auf sich einwirken. Das führt sie ständig an den Rand der Reizüberflutung. Würden wir als Erwachsene wieder in diesen Zustand kommen, wären wir vermutlich wie erschlagen und würden auch ständig schlafen. Wieso schreitet das Gehirn da nicht ein und blendet weniger wichtige Eindrücke einfach aus? Weil das Gehirn anfangs zunächst noch gar nicht weiß, welche Eindrücke wichtig sind. Plötzlich landen wir auf diesem einen ganz bestimmten Flecken Erde bei diesen ganz besonderen Menschen. Und um herauszufinden, was in dieser Lebenswelt wichtig ist, macht es Sinn, erst einmal offen für alles Neue zu sein. Dabei geht es um Anpassungsfähigkeit. Darin sind wir Menschen extrem gut. Wir landen in einer von unzähligen Umgebungen, Kulturen und so weiter und finden uns doch (mehr oder weniger) zurecht.

Doch unsere Offenheit für unser Umfeld lässt ganz schnell nach. Das sieht man zum Beispiel an unserer Fähigkeit, Gesichter zu erkennen. Eine Untersuchung[11] (Beweiskraft-Stufe 3/5) hat gezeigt, dass sechs Monate alte Babys sogar Gesichter verschiedener Rhesusaffen auseinanderhalten können. Also Gesichter, die nicht mal zu ihrer eigenen Spezies gehören. Für zehn Monate alte Babys dagegen haben alle Rhesusaffen gleich ausgesehen. Erwachsenen ging es genauso. Die Gesichter von Menschen konnten alle unterscheiden. Jedoch die älteren Babys besser als die jüngeren Babys. Schon im ersten Lebensjahr entwickeln wir also einen Tunnelblick. Wir verlieren das Auge für Gesichter, die in unserem alltäglichen Umfeld keine große Rolle spielen, und schärfen den Blick für die, die sich (potenziell) um uns kümmern.

Babys hören außerdem auch Sprachlaute heraus, die wir als Erwachsene gar nicht mehr wahrnehmen, weil sie in unserer Sprache überhaupt nicht vorkommen. In einer klassischen Untersuchung[12] (Beweiskraft-Stufe 3/5) wurde kanadischen Babys ein Laut vorgespielt, der sich für uns wie ein T anhört. Akustisch ist das allerdings kein T, sondern eine besondere Mischung aus T und D, die in Indien verwendet wird. Wenn Sie versuchen möchten, diesen Laut auszusprechen: Legen Sie

Ihre Zungenspitze wie beim T an den oberen Gaumen. Schieben Sie dann Ihre Zungenspitze ein paar Millimeter weiter nach hinten und wölben Sie Ihre Zunge etwas nach unten. Nun lassen Sie Ihre Zungenspitze etwas weicher vom Gaumen abprallen als beim T. Ungewohnt, oder?

Sechs Monate alte Babys jedenfalls hörten den Unterschied zwischen diesem T-D und einem T locker heraus. Sie drehten ihren Kopf zu dem Lautsprecher, sobald daraus das T-D ertönte. Die zehn Monate alten Babys ignorierten das. Für sie war offenbar beides ein T. Aber wozu gibt es diese frühe Vorliebe für andere Sprachen? Ist das unnützes Wissen? Nein. Das Gehirn lässt sich einfach zunächst die Möglichkeit offen, jede Sprache der Welt akzentfrei zu lernen.

An diesem Punkt wird übrigens häufig die Frage gestellt, ob diese Offenheit des Gehirns für eine mehrsprachige Erziehung genutzt werden sollte oder nicht? Hier geistern einige Nachteile durch die wissenschaftliche Literatur. Befürchtet wird zum Beispiel ein kleineres Vokabular in beiden Sprachen. Bekannt ist auch die Vorstellung, dass es zu Störeffekten zwischen den Sprachen kommen kann. Ob das auf Kinder zutrifft, die von Geburt an mehrsprachig aufwachsen, lässt sich meiner Kenntnis nach aktuell leider nicht sagen. Eine entsprechende Langzeit-Untersuchung dazu wäre mir neu. Als gesichert gilt dagegen, dass Menschen, die mehrsprachig aufwachsen, im Durchschnitt nicht besser multitasken oder taskswitchen als einsprachig aufwachsende Menschen (Untersuchung[13] auf Beweiskraft-Stufe 4/5).

Babys haben also feinere Antennen für Sprachen und Gesichter. Schön und gut. Doch zurück zu unserer eigentlichen Frage: Ist es wahr, dass diese Fähigkeiten später für immer verloren sind? Das bezweifle ich angesichts einer weiteren Untersuchung[14], die allerdings nur auf Beweiskraft-Stufe 2/5 steht.

Man hat dort Erwachsene einbestellt, die in Südkorea geboren wurden und im Alter von drei bis neun Jahren in eine Adoptivfamilie nach Westeuropa kamen. Diese Menschen konnten typische westeuropäische Gesichter genauso gut erkennen wie Menschen, die ihr ganzes Leben in Westeuropa verbracht hatten. Ein Rückschluss auf Ursachen ist hier leider nicht möglich. Aber das Ergebnis lässt vermuten, dass diese Fähigkeit auch nach dem ersten Lebensjahr erlernt werden kann. Die (nur) zwölf Versuchspersonen lassen jedoch auch die Mahnung zu: Verallgemeinerung verboten. Das bedeutet: Wir können nicht ausschließen, dass es Leute gibt, bei denen der Lernerfolg ausbleibt. Dafür kann es 1001 Gründe neben dem Alter geben: Motivation, Aufwand, Erfahrungen, Einstellungen, Fähigkeiten und so weiter. Wie viele Menschen es schaffen würden, sich ihre frühkindlichen Fähigkeiten zur Gesichtserkennung wieder anzutrainieren, ist meines Wissens nicht bekannt. Das gilt auch für sprachliche Fähigkeiten. Hier könnte man zum Beispiel vermuten, dass es den meisten Leuten in Japan schwerfiele, den Unterschied zwischen L und R zu lernen. Aber Zahlen, die das belegen, sind mir nicht bekannt. Jedenfalls können wir davon ausgehen, dass einige hoch motivierte und talentierte Menschen aus Japan nach hartem Training meisterlich ein oberbayerisches R rollen.

Zeit für eine Zwischenbilanz. Es sieht ganz danach aus, als würde der Spruch »Was Hänschen nicht lernt …« die Rolle des Alters für das Lernen gewaltig überschätzen. Einen größeren Unterschied machen am Ende wohl andere Faktoren, zum Beispiel: Wie wichtig ist es mir, das zu lernen? Wie viel bin ich bereit, dafür zu tun? Auf welches Vorwissen kann ich zurückgreifen? Liegt mir dieser Bereich? Und so weiter … Vorwissen ist dabei ein besonders harter Bumerang für die Hänschen-Weisheit. Denn für viele Lerninhalte brauchen wir Vorwissen, das wir erst später haben. Lernen wird also in vielen Bereichen erst mit höherem Alter möglich oder zumindest viel leichter. Mit ihrer Pauschalisierung stolpert die Hänschen-Vorstellung also über ihre eigenen Beine.

Jetzt könnte man noch dagegenhalten: Bei der Fähigkeit, zu lernen, kommt es doch darauf an, über welchen Altersbereich wir reden. Zwischen 25 und 45 mag es noch nicht so viele Veränderungen geben. Aber niemand würde ernsthaft behaupten, dass wir mit 85 noch so lernfähig sind wie mit 25. Nun, so klar ist das aber gar nicht. Selbst im höheren Alter geht es nicht einfach überall den Bach runter. Klar werden unsere Zellen nicht jünger. Mein Gedächtnis ist jetzt schon ein Sieb, und da werden noch einige Löcher dazukommen. Aber wussten Sie, dass zum Beispiel unser Wortschatz in Würde altert? Zwar hapert es häufiger mit dem Abruf aus dem Gedächtnis. Aber der Wortschatz kann durchaus bis ins hohe Alter wachsen. Und zwar ziemlich deutlich sogar, wie eine Auswertung[15] auf Beweiskraft-Stufe 3/5 zeigt. Würde man den Effekt in IQ-Punkte übersetzen, hätten die 70-Jährigen stattliche 13 Punkte mehr als die 20-Jährigen. Das ist das Gesamtergebnis von 210 einzelnen Studien. Hans bleibt also lebenslänglich lernfähig. Zumindest, was seinen Wortschatz betrifft. Das Urteil *nimmermehr* scheitert also selbst am hohen Alter. Auch da geht noch was.

Es folgt für Hänschen ein kleiner Trost zum Schluss. Wir können den Begriff *Lernen* auch auf die grundlegendsten Sinne beziehen, zum Beispiel auf die Entwicklung des Sehens und Hörens ganz am Anfang unseres Lebens. Hier kann der Spruch doch noch punkten, denn tatsächlich sind wir von Anfang an auf Sinneseindrücke angewiesen. Fehlt dieser Input, kann unser Gehirn nicht richtig sehen und hören lernen. Unwiederbringlich. Wären die Augen und Ohren in dieser Zeit komplett verschlossen, wären Blindheit und Taubheit die Folge. Man nennt die ersten Lebensmonate und Lebensjahre deshalb die *kritische Phase* der Sinnesentwicklung. In dieser Phase sind Nervenzellen wie ein Orchester, das ein neues Stück einübt. Um das Stück gemeinsam spielen zu können, müssen die einzelnen Instrumente möglichst gut miteinander harmonieren. Und genau wie beim Orchester gibt es Nervenzellen, die dirigieren. Die sagen nach einer Weile einfach: Ihr hattet genug Zeit zum Üben. Schluss jetzt. Morgen ist das Konzert. Das drücken sie nett verpackt in Botenstoffen wie (körpereigenem) Nikotin aus (Untersuchung[16] Beweiskraft-Stufe 4/5).

Ein Tunnelblick auf Gesichter.

[11] Pascalis O … (2002) Is face processing species-specific during the first year of life? Science 296, 1321–1323. https://doi.org/10.1126/science.1070223

Beweiskraft:

Habe ich da gerade was gehört?

[12] Werker J … (1984) Cross-language speech perception ... Infant Behavior and Development 7, 49–63. https://doi.org/10.1016/S0163-6383(84)80022-3

Beweiskraft:

Umschaltspiel.

[13] Paap KR … (2018) Bilingual advantages in executive functioning … Cortex 69, 265–278. https://doi.org/10.1016/j.cortex.2015.04.014

Beweiskraft:

Es ist noch nicht zu spät.

[14] Sangrigoli S ... (2005) Reversibility of the other-race effect ... Psychological Science 16, 440–444. https://doi.org/10.1111/j.0956-7976.2005.01554.x

Beweiskraft:

Wörter sind wie Wein ...

[15] Verhaeghen P … (2003) Aging and vocabulary score ... Psychology and Aging 18, 332–339. https://doi.org/10.1037/0882-7974.18.2.332

Beweiskraft:	■	■	■	

Genug geübt. Schluss jetzt.

[16] Takesian AE … (2018) Inhibitory circuit gating of auditory critical-period plasticity. Nature Neuroscience 21, 218–227. https://doi.org/10.1038/s41593-017-0064-2

Beweiskraft:	■	■	■	■	

5.

GEHIRNJOGGING

Meine Oma war eine sehr aktive Gehirnjoggerin. Fast täglich drehte sie ihre Runden durch das 1000-Kreuzworträtsel-Buch. Das war mehr ein Ziegelstein als ein Buch. Man hatte ihr geraten, sich damit *geistig fit* zu halten.

Aus Kapitel 4 wissen wir jetzt, warum Kreuzworträtsel meistens auch im Alter noch Spaß machen. Unser Wortschatz lässt uns in der Regel nicht im Stich. Gleichzeitig ist es kein Problem, wenn uns ein Wort mal nicht sofort einfällt. Wir haben ja Zeit. Und wenn es doch langweilig wird, schieben wir eben eine Übungseinheit Sudoku hinterher.

»*Geistig fit* dank Gehirnjogging.« Dahinter verbirgt sich häufig das Versprechen, seine Konzentration und sein Gedächtnis zu verbessern oder wenigstens zu erhalten. Das wiederum käme dem Lernen zugute. Klingt erst mal gut. Wer hätte nicht gerne ein besseres Gedächtnis? Ich merke mir die unwichtigsten Zahlen und Namen. Aber ich bekomme nur mit äußerster Anstrengung zusammen, was ich heute vor einem Jahr erlebt habe. Kann man da was machen? Könnte Sudoku dabei helfen, Episoden aus dem Leben besser in Erinnerung zu behalten? Wahrscheinlich leider eher nicht, aber ich kenne keine Studie dazu.

Bleibt also die Frage, was Gehirnjogging überhaupt verbessern kann. Meiner Meinung nach träumt Gehirnjogging einen Traum weiter, der für die Wissenschaft schon geplatzt ist. Den Traum, eine *allgemeine* geistige Fähigkeit zu trainieren und damit andere Fähigkeiten gleich mit zu trainieren. Zum Beispiel logisches Denken plus mathematisches Problemlösen beim Sudoku. Eine Untersuchung[17] in Premiumqualität (Beweiskraft-Stufe 5/5) kam jedoch schon 2010 zu dem Ergebnis: Das funktioniert nicht. Wenn Sie ein bestimmtes geistig forderndes Spiel üben, dann werden Sie in genau diesem Spiel besser. Aber eben nicht in einem Intelligenztest. Und was wirklich verblüffend ist: Sie werden wahrscheinlich nicht einmal in einem ähnlichen Spiel besser. Man kann also nicht einmal davon ausgehen, dass die Kreuzworträtsel-Königin auch die Scrabble-Siegerin wird.

Erkenntnis kann hart sein. Und es wird noch ein bisschen härter. Im Internet angebotenes Gehirnjogging wird häufig mit einem Hinweis versehen wie: »Trainieren Sie mindestens sechs Monate.« Wenn man das liest, macht man sich vielleicht Hoffnung, dass sich nach kurzer Zeit erste Erfolge einstellen werden. Und noch dramatischer wäre die Hoffnung: Ich muss nur sechs Monate durchhalten und dann bin ich am Ziel. So läuft das aber nicht. Geistiges Training ist keine Pille, die man nur so lange nimmt, bis es einem besser geht. Geistiges Training ist eher wie Ausdauersport. Wer aufhört und länger pausiert, fängt später fast wieder bei 0 an. Zu diesem Ergebnis kamen zahlreiche unabhängige Untersuchungen[18] (Beweiskraft-Stufe 4/5). Dieses Absacken ist gefürchtet. Nicht zuletzt bei denjenigen, die solche Trainingsprogramme entwickeln und durchführen beziehungsweise verkaufen wollen.

Omas langjährige Disziplin beim Kreuzworträtseln war in diesem Sinne also wirklich wichtig. Das ist übrigens auch das Erfolgsrezept der Schulbildung, eines der längsten geistigen Trainingsprogramme überhaupt – mit einem nachweislich positiven Lerneffekt. Wenn man den IQ bemühen möchte: ungefähr ein bis fünf IQ-Punkte pro Schuljahr[19] (Beweiskraft-Stufe 4/5). Das muss man der Schule lassen.

Im Gegensatz zur Schule macht Gehirnjogging nicht klüger, als man ist. Na gut. Aber kann es dabei helfen, das Gedächtnis zu erhalten? Demenz vorzubeugen? Oder Demenz wenigstens abzuschwächen? Die Schule kann das übrigens ein Stück weit. Eine internationale Fachkommission schätzt, dass Bildung etwa sieben Prozent des weltweiten Demenzrisikos ausmacht[20] (Beweiskraft-Stufe 4/5).

Mit Gehirnjogging Demenz vorbeugen – eine große Hoffnung, der auch Oma einst gefolgt ist. Die Frage, ob das möglich ist, wissenschaftlich zu beantworten, ist aber eine Mammutaufgabe. Erste Herausforderung: Versuchspersonen finden. Und zwar viele – 1.000, 10.000, am besten 100.000. Und diese Personen sollten zufällig ausgewählt sein mit dem

Ziel, die gesamte Vielfalt der Gesellschaft abzubilden. Was für ein Aufwand! Nächste Herausforderung: Menschen verfälschen Ergebnisse. Die Übungsleitung vielleicht, weil sie eine Person mehr mag als die andere. Diejenigen, die die Daten auswerten, vielleicht, weil sie ein bestimmtes Ergebnis erwarten. Das Geheimnis, in welcher Gehirnjogginggruppe eine Person ist, sollte deshalb erst ganz am Ende gelüftet werden. Es ist schwierig, sein Team so lange auf die Folter zu spannen. Nicht zuletzt ist Zeit eine Herausforderung. Die Personen müssten über Jahre oder besser Jahrzehnte begleitet werden, locker ein ganzes Forschungsleben also. Und wer soll da so lange so viel Geld reinstecken? Allein die Personalkosten … Sie können sich nun vielleicht vorstellen, dass es bisher kaum Untersuchungen gibt, die ein solches Vorhaben auch nur im Ansatz auf die Beine gestellt haben. Die erwähnte Fachkommission betont in einem Bericht[20] (Beweiskraft-Stufe 4/5): Gut kontrollierte und langfristige Untersuchungen sucht man vergeblich. Die bisher aussagekräftigsten unter ihnen dämpfen aber die Erwartungen. Wenn Gehirnjogging die geistige Fitness tatsächlich positiv beeinflussen sollte, erscheint eher ein kleiner Effekt realistisch.

Zum Glück ist Gehirnjogging ein kurzweiliger Zeitvertreib. Lassen Sie sich den Spaß am Denksport nicht verderben!

Mach dich nicht klüger als du bist.

[17] Owen AM … (2010) Putting brain training to the test. Nature 465, 775–778. https://doi.org/10.1038/nature09042

Beweiskraft:

Wie gewonnen, so zerronnen.

[18] Bailey DH … (2020) Persistence and fade-out of educational intervention effects ... Psychological Science in the Public Interest 21, 55–97. https://doi.org/10.1177/1529100620915848

Beweiskraft:

Schule wirkt.

[19] Ritchie SJ … (2018) How much does education improve intelligence ... Psychological Science 29, 1358–1369. https://doi.org/10.1177/0956797618774253

Beweiskraft:

Gehirnjogging gegen Demenz?

[20] Livingston G … (2020) Dementia prevention, intervention, and care ... The Lancet 396, 413–446. https://doi.org/10.1016/S0140-6736(20)30367-6

Beweiskraft:

6.

AUF DIE GRÖSSE KOMMT'S AN

Elefanten sind erstaunlich lernfähig. Ein beeindruckendes Beispiel: Man kann ihnen beibringen, gleichzeitig mit einem anderen Tier an einem Strick zu ziehen, um eine Belohnung zu erhalten. Mehr noch, sie lernen, bis zu 45 Sekunden auf das andere Tier zu warten, wenn sich dessen Ankunft verzögert. Dabei begreifen sie auch, dass es keinen Sinn macht, an dem Strick zu ziehen, wenn das andere Tier das andere Ende des Stricks gar nicht erreichen kann. Diese Ergebnisse[21] (Beweiskraft-Stufe 4/5) gelten als wichtiger Hinweis darauf, dass Elefanten lernen, gemeinsam Probleme zu lösen. Das ist eine typisch menschliche Fähigkeit.

Aber wir Menschen haben noch viel ausgefeiltere Formen der Kooperation auf Lager. Und nicht nur in diesem Bereich hält man uns für weitaus lernfähiger als Elefanten, obwohl unser Gehirn bis zu sechsmal kleiner ist.

Weitere Beispiele gefällig? Kühe haben zum Beispiel ein recht großes Gehirn. Aber mit dem Lernen haben sie es, nach allem, was wir bisher wissen, wahrscheinlich eher nicht so. Rhesusäffchen haben da viel mehr drauf, obwohl ihr Gehirn circa sechsmal kleiner ist. Zum Beispiel bilden sie organisierte raubende Banden. Einer solchen Bande bin ich selbst einmal in einer Tempelanlage in Indien zum Opfer gefallen. Ein Rhesusäffchen hüpfte mir auf die Schulter, sah mich kurz an und entriss mir dann meinen Beutel mit den Gaben für die dort verehrte Gottheit – um sie dann auf einem Baum selbst zu knabbern.

Machen wir es kurz: Ein größeres Gehirn ist nicht unbedingt lernfähiger. Übrigens auch nicht, wenn man das Verhältnis der Hirngröße zur Körpergröße betrachtet. Kapuzineräffchen zum Beispiel haben ein recht großes Gehirn im Verhältnis zu ihrem kleinen Körper. Dennoch erreichen sie nicht die Lernfähigkeiten eines Gorillas. Die berühmte Gorilladame Koko aus Kalifornien hat zum Beispiel eine Zeichensprache gelernt. Angeblich konnte sie so, laut National Geographic, etwa 2.000 englische Wörter verstehen. Diese Angabe bleibt hier jedoch außer Wertung, da die National Geographic keine Fachzeitschrift ist.

Größe im Sinne von Volumen oder Gewicht ist aber auch ein grobes Maß. Sie kann ja auf ganz unterschiedliche Eigenschaften zurückgehen – größere Zellen, dickere Kabel zwischen den Zellen oder etwas mehr Hirnwasser. Hier lohnt sich ein tieferer Blick ins Gehirn.

Es gibt das Universum da draußen. Mit unzähligen Sternen. Und es gibt das Universum in unserem Kopf, unser Gehirn. Mit unzähligen Nervenzellen. Wie viele es gibt, lässt sich nur schätzen. Jahrzehntelang hat man sich dabei verschätzt. Wie kam es dazu?

Achtung, jetzt geht's ans Eingemachte: Dafür brauchte man zunächst ein totes Gehirn. Das wurde – wie in einer Fleischerei, nur feiner – in mehrere Teile zerlegt. Dann wurde von jedem Teil eine hauchdünne Scheibe abgeschnitten. Diese Carpaccio-Scheiben kamen anschließend unter das Mikroskop. Mit dem Mikroskop ließen sich die Zellzahlen ziemlich genau bestimmen. Danach ging es ans Rechnen. Wie viele Scheiben passen jeweils in das zugehörige Teil, aus dem die Scheibe entnommen wurde? Diese Anzahl aller Scheiben pro Teil wurde mit der Zellzahl in der einen Scheibe multipliziert. Das Ergebnis wurde schließlich mit den Ergebnissen für die anderen Teile addiert. So kam man auf etwa 100 Milliarden Nervenzellen. Heute wissen wir, dass diese Methode ungenau ist. Ein Grund dafür: Die Zelldichte ist nicht in jeder einzelnen Scheibe gleich. Sie schwankt zum Teil überraschend stark. Dabei wurde die Zelldichte zufällig überschätzt.

Eine jüngere Untersuchung[22] konnte ein genaueres Ergebnis liefern (Beweiskraft-Stufe 3/5). Allerdings standen dafür nur vier Männergehirne zur Verfügung – 50, 51, 54 und 71 Jahre alt. Der Schlüssel für diese Untersuchung war eine Methode, Zellen in einem toten Gehirn gleichmäßig zu verteilen – ähnlich wie das mit Fett in der Milch gemacht wird

(Stichwort: Homogenisieren). Weitere Details aus der Hirnmolkerei möchte ich Ihnen ersparen. Jedenfalls befanden sich in den Proben dieser Suppe ziemlich genau so viele Nervenzellen wie in allen anderen Proben auch. Damit wurde die Hochrechnung zuverlässiger. Das Ergebnis: 86,06 Milliarden plus/minus 8,12 Milliarden, also etwa 77.940.000.000 bis 94.180.000.000 Nervenzellen. Das könnten ungefähr so viele sein, wie es Planeten in unserer Galaxie, der Milchstraße, gibt.

Aber schaffen mehr Nervenzellen auch mehr Lernleistung? Werfen wir zunächst einen Blick auf die Rangliste der Lernleistungen. Dann werfen wir einen Blick auf die Lernfähigkeit der Tiere mit den meisten Nervenzellen. Die Anzahl der Nervenzellen sollte mit der Lernleistung eigentlich möglichst stark zusammenhängen, wenn die Mehr-Nerven-mehr-Lernen-Rechnung aufginge. Tut sie aber nicht. Der Elefant macht da einen gewaltigen Strich durch die Rechnung. Mit seinen 257.000.000.000 Nervenzellen (Untersuchung[23] auf Beweiskraft-Stufe 3/5) besitzt er fast dreimal mehr als Menschen. Und ich könnte mir vorstellen, dass große Wale diese Listen weiter durcheinanderwirbeln würden. Andere Tiere, deren Nerven gezählt sind, tun das schon. Antilopen (Kudus) zum Beispiel haben meines Wissens keinen Ruf als Lerngenies. Kraken dagegen bringen offenbar erstaunliche Lernleistungen zustande, obwohl sie laut Lehrbüchern angeblich nur über etwa 500.000.000 Nervenzellen verfügen.

Der Zusammenhang zwischen der Anzahl der Nervenzellen und der Lernfähigkeit ist also alles andere als perfekt. Aber es gibt ihn zu einem gewissen Grad. Elefanten, Affen, Giraffen, Bären, Löwen und Hunde haben viele Nervenzellen in ihren Gehirnen. Und sie gehören zu den lernfähigsten Tieren.

Menschen und andere Affen führen die Lernliste an. Sie punkten mit sozialen Fähigkeiten wie Kooperation und Kommunikation. Sie benutzen Werkzeuge, um Probleme zu lösen. Sie verstehen (mehr oder weniger) die Absichten anderer. Das sind aber keine Alleinstellungsmerkmale im Tierreich. Überraschend finde ich dagegen das Gedächtnis von Schimpansen. Dazu gibt es eine erstaunliche Untersuchung[24] (Beweiskraft-Stufe 3/5). Dem japanischen Schimpansen Ayumu gelang es, in einer Art Memory unter Zeitdruck Uni-Studierende zu schlagen. Dabei sah er auf einem Monitor die Zahlen 1 bis 9 an verschiedenen Positionen. Sobald er die 1 antippte, wurden die anderen Zahlen verdeckt. Er deckte alle weiteren acht Zahlen in der richtigen Reihenfolge wieder auf. In zehn Durchgängen machte er nur zwei Fehler. Die Studierenden dagegen machten sechs Fehler. Allerdings war Ayumu offenbar ein Ausnahmetalent. Seine Altersgenossinnen Cleo und Pal schafften nur ein bis fünf bzw. sechs Zahlen fehlerfrei.

Aber was macht Menschen- und Affengehirne lernfähiger als die Gehirne anderer Tiere? Lange Zeit dachte man, dass Menschen und Affen besonders viele Nervenzellen in ihrer Hirnrinde haben. Die Hirnrinde ist nämlich am Lernen wesentlich beteiligt. Aber nein! Einige Singvögel und Papageien haben (im Verhältnis zum Hirngewicht) mindestens genauso viele Nervenzellen (Untersuchung[25] auf Beweiskraft-Stufe

4/5). Ihre Lernfähigkeiten sollten wir keinesfalls unterschätzen. Wussten Sie, dass das Gezwitscher von Singvögeln so verschachtelt sein kann wie menschliche Schachtelsätze (Untersuchung[26] auf Beweiskraft-Stufe 4/5)? Ich bin sicher, dass wir noch einiges von feingeistigen Piepmätzen hören werden.

Es ist nicht die Hirngröße. Es ist auch nicht die Anzahl von Nervenzellen. Aber was dann? Zurzeit wird vermutet, dass das Geheimnis lernfreudiger Nervenzellen in ihrem Bauplan liegt. In den oberen Schichten der menschlichen Hirnrinde sind sie stark verzweigt. So können sie eine größere Zahl unterschiedlicher elektrischer Signale verarbeiten. Und damit mehr Informationen. Wie eine Antenne mit größerer Bandbreite. Außerdem sind die Nervenzweige in diesen Schichten verdickt. Dadurch haben sie einen geringeren Leitungswiderstand und können so elektrische Signale schneller übertragen. Also: mehr Bandbreite und schnellere Datenübertragung. Das liest sich wie Werbepost von einem Internet-Provider. Die bisher stärkste Untersuchung[27] (Beweiskraft-Stufe 4/5) hat das allerdings nur im Mensch-Maus-Vergleich gezeigt. Ein fairer Vergleich mit Affen, Elefanten usw. steht aktuell noch aus. Außerdem fehlt die direkte Verbindung mit einer messbaren und vergleichbaren Lernleistung.

Wie auch immer das Ergebnis sein wird: Es gibt keinen Grund, überheblich zu werden. Verschiedene Spezies zu vergleichen, ist immer ein Stück weit wie Äpfel mit Birnen zu vergleichen. Elefantengehirne sind perfekt, um Elefantisches zu tun. Unsere Gehirne dagegen würden sich dabei anstellen wie der erste Elefant. Genauso ist ein Supercomputer nicht dafür gemacht, Minecraft zu zocken. Stattdessen kann er aber vielleicht ganz wunderbar das Universum simulieren – das da draußen und das in unserem Kopf.

Ein Rüssel wäscht den anderen.

[21] Plotnik JM … (2011) Elephants know when they need a helping trunk in a cooperative task. Proceedings of the National Academy of Sciences of the USA 108, 5116–5121. https://doi.org/10.1073/pnas.1101765108

Beweiskraft:

Ein Universum aus Nervenzellen.

[22] Azevedo FAC … (2009) Equal numbers of neuronal and nonneuronal cells ... Journal of Comparative Neurology 513, 532–541. https://doi.org/10.1002/cne.21974

Beweiskraft:

Elefanten: Die haben Nerven.

[23] Herculano-Houzel S … (2014) The elephant brain in numbers. Frontiers in Neuroanatomy 8, 46. https://doi.org/10.3389/fnana.2014.00046

Beweiskraft:

Memory mit Schimpansen.

[24] Inoue S … (2007) Working memory of numerals in chimpanzees. Current Biology 17, R1004–1005. https://doi.org/10.1016/j.cub.2007.10.027

Beweiskraft: ■■■□

Klein aber fein.

[25] Olkowicz S … (2016) Birds have primate-like numbers of neurons in the forebrain. Proceedings of the National Academy of Sciences of the USA 113, 7255–7260. https://doi.org/10.1073/pnas.1517131113

Beweiskraft: ■■■■

Schachtelsätze auf dem Gartenzaun.

[26] Gentner TQ … (2006) Recursive syntactic pattern learning by songbirds. Nature 440, 1204–1207. https://doi.org/10.1038/nature04675

Beweiskraft: ■■■■

Antennen im Kopf.

[27] Berg J … (2021) Human neocortical expansion involves glutamatergic neuron diversification. Nature 598, 151–158. https://doi.org/10.1038/s41586-021-03813-8

Beweiskraft: ■■■■

7.

FRÜH, FRÜHER, FRÜHFÖRDERUNG

Lernen beginnt schon im Mutterleib. Wir wissen zum Beispiel, dass das Gehirn gleich nach der Geburt die Silben *ba* und *ga* unterscheiden kann. Das ist sogar bei Frühgeborenen der Fall (Untersuchung[28] auf Beweiskraft-Stufe 4/5). Es ist eher unwahrscheinlich, dass ein Kind das während der ersten Lebenstage auf der Welt lernt. Und es ist klar, dass dafür keine Fördermaßnahmen nötig sind.

In einer weiteren Untersuchung[29] wurden werdende Mütter damit beauftragt, ihren Ungeborenen täglich die Silbenreihe *tatata* vorzuspielen. Dabei wurde ab und zu die Betonung auf die Silbe in der Mitte gelegt: *tatáta*. Kurz nach der Geburt bekamen die Babys diese Silben wieder vorgespielt, während sie eine Hirnstromkappe aufhatten. Und tataaa! Ihr Gehirn reagierte auf den Unterschied zwischen *tatata* und *tatáta*. Diese Reaktion blieb bei Babys aus, die nicht an dem vorgeburtlichen Hörspiel teilgenommen hatten. Schade, dass es keine weitere Kontrollgruppe gab, die zum Beispiel ein anderes Hörspiel hörte. So muss die Reaktion des Gehirns kein besonderer Lerneffekt sein. Vielleicht wurde einfach nur allgemein die Aufmerksamkeit erhöht. Die aufgezeichnete Hirnreaktion ist in diesem Fall leider mehrdeutig. Deswegen schafft es die Studie nur auf Beweiskraft-Stufe 2/5.

Lernen vorgeburtlich anzuregen, ist keineswegs nur eine verrückte Idee aus irgendeiner seltsamen Forschungswelt. Vorlesen oder musikalische Begleitung ist für viele Schwangere ein wichtiges Ritual. Onlinedienste bieten Playlists speziell für Babys im Mutterleib an. Dabei geht es natürlich nicht nur ums Lernen, sondern auch um Entspannung, Bindung und vieles mehr. Aber für einige stellt sich bereits die Frage: Wie mache ich mein Kind fit für ein späteres Leben in der hart umkämpften Leistungsgesellschaft?

Ich wünsche uns allen eine gewisse Gelassenheit gegenüber dieser Frage. Lassen Sie uns zunächst eingestehen: Die Entwicklung unserer Kinder liegt nur bedingt in unserer Hand. Das gilt natürlich auch für das Lernen. Wir können (und wollen) die Gene nicht (direkt) aussuchen. Was wir stattdessen versuchen können, ist, ein Umfeld zu schaffen, in dem sich unterschiedliche Lernpotenziale individuell entfalten dürfen. Aber bitte ohne engstirnige Erwartungen. Und ohne den Glauben, wir hätten die volle Kontrolle. Nehmen wir etwas Druck heraus.

Was bringen also Lernfördermaßnahmen während der Schwangerschaft? Ich zitiere dazu einen Beitrag[30] auf der Website eines renommierten Kinderhilfswerks: »Musik hören während der Schwangerschaft hat nicht nur einen beruhigenden und stimmungsaufhellenden Effekt auf die schwangere Frau, sondern auch einen positiven Einfluss auf das ungeborene Baby.« Der beschworene »positive Einfluss« wird jedoch leider nicht näher erläutert.

Kann hier die Wissenschaft einspringen? Sie kann. Zumindest wird eine Untersuchung[31] konkreter: Babys, deren Mütter während der Schwangerschaft täglich Musik hörten, reagierten (angeblich) aufmerksamer auf Gesehenes und Gehörtes als Babys ohne musikalische Frühförderung. Allerdings gibt es Punktabzug dafür, dass der Erstautor selbst die Reaktionen der Babys getestet hat. Das fällt hier besonders schwer ins Gewicht, weil die Reaktion nicht gemessen, sondern nur auf einer 9-Punkte-Skala eingeschätzt wurde. Subjektive Verfälschung ist hier nicht ausgeschlossen, zumal er die Gruppenzugehörigkeit kannte und ein gewisses Interesse daran hatte, einen Effekt zu finden. Das reicht mit Augenzudrücken für Beweiskraft-Stufe 1/5. Dennoch sind die Beteiligten hier einer wichtigen Frage nachgegangen. Das ist nicht in Abrede zu stellen.

Eine weniger seriöse Quelle lehnt sich weit aus dem Fenster: »Musik im Mutterleib fördert die Verknüpfung von Nervenzellen.« Ich befürchte, dass sich diese Aussage auf eine Untersuchung[32] bezieht, in der eigentlich etwas anderes beleuchtet wurde: nämlich die Nervenzelldichte in der Hirnrinde von Ratten, deren Muttertiere während der Schwangerschaft zweimal 90 Minuten pro Tag mit klassischer Musik beschallt wurden. Diese Ratten (sechs Tiere) hatten angeblich eine höhere Nervenzelldichte als sechs Ratten ohne vorgeburtliche Musikerfahrung. Hier schrillen sofort laute Alarmglocken. Woher weiß man, dass das bei nur sechs Ratten kein Zufall war? Und kann man das auf den Menschen übertragen? Wohl kaum. Außerdem bleibt völlig offen, ob diese »Förderung« überhaupt einen Einfluss auf das Lernen hatte. Beweiskraft-Stufe: bestenfalls 1/5.

Bis hierhin halten wir fest: Frühförderung während der Schwangerschaft klingt gut, die Beweislage steht jedoch auf wackeligen Beinen. Es könnte sein, dass die Stimulation mit Sprache und Musik vielleicht die Aufmerksamkeit eines Neugeborenen etwas erhöht. Was das für spätere Lernfähigkeiten bedeuten könnte, ist allerdings aktuell vollkommen unklar. Untersuchungen zu langfristigen Auswirkungen habe ich vergeblich gesucht.

Führen vielleicht etwas spätere Förderprogramme in die Erfolgsspur? Ist es sinnvoll, das Lernen von Kleinkindern ankurbeln zu wollen? Kapitel 4 macht uns da eher skeptisch. Da es so etwas wie ein Mindesthaltbarkeitsdatum der Lernfähigkeit nicht gibt, gibt es auch keine zwingenden Gründe für die Befürchtung, dass man eine Chance verpassen könnte, wenn man nicht in frühester Kindheit damit beginnt. Kapitel 5 stimmt uns noch nachdenklicher. Da haben wir gelesen:

Förderung überträgt sich nicht automatisch auf andere Lernbereiche. Was fördere ich dann? Musikalische Früherziehung? Sprachliche Fähigkeiten? Mathematische Grundlagenfähigkeiten? Lesen und Schreiben? Schwierig, sich da festzulegen, zumal wir festgestellt haben, dass ein paar Monate nicht reichen. Das Kind wäre zum langjährigen Dranbleiben verdammt, sonst könnte alles umsonst gewesen sein. Hm, das hört sich nicht gerade entspannt an.

Der oben angesprochene Beitrag[30] des Kinderhilfswerks legt sich fest: »Musik befeuert alle Bereiche der Entwicklung. Und sie fördert die Schulreife, insbesondere in den Bereichen Sprache und Lesen.« Die Formulierung verrät es schon: Wenn wir »alle Bereiche« lesen, können wir eine Uhr darauf verwetten, dass da jemand zu weit geht. Lassen wir die erste Behauptung also lieber links liegen.

Die zweite Behauptung dagegen können wir anhand einer Untersuchung[33] überprüfen. Getestet wurde dort die Wirksamkeit von Musik im Vergleich zum Zeichnen an vier- bis sechsjährigen Kindern. Die Musik-App umfasste Rhythmus, Tonhöhe, Melodie, Gesang und Theorie (Noten, Tonleiter). Die Zeichnen-App umfasste Formen, Farben, Perspektiven und Materialien. Geübt wurde sehr intensiv, zwei Stunden pro Tag, vier Wochen lang, begleitet von einer Lehrkraft, drei Hilfslehrkräften und einer wissenschaftlichen Hilfskraft. Das Ergebnis war, dass die Kinder in der Musik-Gruppe nach den vier Wochen in einem Wortschatztest besser abschnitten. Die Größe dieses Effekts lag bei 33 auf einer Skala von minimal

0 bis maximal 100. So weit, so gut. Starke Schlüsse wären bei nur 32 Kindern jedoch fahrlässig. Wir erfahren auch nicht, wie lange der Vorteil nach Abschluss des Programms anhielt. Und schließlich ist der Verdacht nicht auszuräumen, dass die Musik-Lehrkraft vielleicht einfach kompetenter war (indem sie zum Beispiel besser erklärt hat) als die Zeichnen-Lehrkraft. So landet die Arbeit auf Beweiskraft-Stufe 2/5.

Zurück zu dem Beitrag[30], der die Kraft der Musik beschwört: »Ein Instrument zu lernen, kann Mathe-Lernen verbessern und sogar Schulnoten verbessern.« Dieses Versprechen steht mit folgender Untersuchung[34] in Verbindung (Beweiskraft-Stufe 2/5): Acht bis zehn Jahre alte Schulkinder in einem Viertel von São Paulo mit hoher Armutsrate erhielten fünf Monate lang drei Unterrichtsstunden pro Woche eine musikalische Förderung. Die Kinder durften mithilfe von Blockflöten und Keyboards musizieren. Dabei wurden sie von zwei Lehrkräften angeleitet, Rhythmen, Melodien und Harmonien zu erkennen. Im Vergleich zu Kindern, die einem unveränderten Schulalltag nachgingen, verbesserten sie sich im Durchschnitt um etwas mehr als eine Mathe-Schulnote. Hier haben wir wieder das Problem, dass die Vergleichsgruppe gar nichts gemacht hat. Damit ist ein spezieller Effekt von Musik leider nicht nachweisbar. Es könnte sein, dass die aktiven Kinder zum Beispiel von der intensiveren Betreuung durch zwei zusätzliche Lehrkräfte profitiert haben. Gerade bei diesen Kindern mit einem eher ungünstigen häuslichen Lernumfeld könnte das eine entscheidende Rolle gespielt haben.

Aber was hätte das Forschungsteam machen sollen? Schule entzieht sich nun einmal der experimentellen Kontrolle. Das soziale Gefüge ist viel zu komplex und viel zu reguliert. An der Kompetenz der Autor*innen habe ich keinen Zweifel.

Auch wenn Musik vielleicht nicht beim Lernen hilft: Musik ist trotzdem cool – eine der besten Erfindungen überhaupt. Ohne sie wäre dieser Planet wüst und leer. Selig sind die, die ein Instrument oder eine Musikmaschine bedienen können. Viva la musica!

So richtig fündig geworden sind wir noch nicht. Aber die Auswahl ist groß. Der nächste Themenbereich bitte: Sprachförderung. In diesem Bereich werden gerne die Eltern mit ins Boot geholt. Das macht Sinn, weil sie typischerweise viel Zeit mit ihren Kindern verbringen, oft mehr als das jeder Coach von außen könnte. In solchen Sprachförderungsprogrammen bekommen Eltern zum Beispiel Strategien zur Optimierung ihres Sprach-Outputs vermittelt. Diese Output-Strategien können sie dann in Schlüsselsituationen im Alltag anwenden – beim gemeinsamen Spielen oder beim Anschauen von Bilderbüchern. Mit Erfolg: Das funktioniert wirklich (Untersuchung[35] auf Beweiskraft-Stufe 4/5). Und es verbessert in der Regel auch nachhaltig das Sprachverständnis und die Sprachproduktion. Dabei ist der Effekt bei Kindern ohne Schwierigkeiten bei der Sprachentwicklung jedoch relativ klein. Bei Kindern mit Schwierigkeiten ist der Effekt dreimal so groß. Im Zweifelsfall lohnt es sich, dieses Programm in Erwägung zu ziehen. Mit etwa zwei Jahren kann es losgehen.

Angenommen, man möchte nicht auf Musik oder auf Sprache setzen, sondern auf Mathe-Frühförderung. Dazu gibt es zum Beispiel eine spielerische App für Kinder ab fünf Jahren. Damit üben sie unter anderem, animierte Gegenstände zu zählen. Oder sie vergleichen deren Anzahl. Je nach Lernerfolg erreichen sie Schritt für Schritt ein höheres Level. Dabei werden sie von Erzieher*innen pädagogisch begleitet. Was kann man von so einer Förderung erwarten? Nicht allzu viel. Nach drei Monaten lag der Effekt der App bei 16 von 100 (im Vergleich zu Kindern ohne App). Wieder hatten Kinder mit weniger Vorwissen mehr von der Förderung. Was langfristig davon übrig bleibt, ist ungewiss (Untersuchung[36] auf Beweiskraft-Stufe 2/5).

Alle Frühförderungsprogramme der Welt können wir hier nicht besprechen, es sind einfach viel zu viele. Aber eines habe ich noch im Angebot: Buchstaben und Sprachlaute schon im Kindergarten lernen, damit das Lesen später in der Schule nur noch ein Kinderspiel ist. Eine große und solide Untersuchung[37] aus Dänemark schafft klare Verhältnisse (Beweiskraft-Stufe 4/5): Dieses Programm hat die Effektgröße 19 von 100 erzielt nach fünf Monaten Übung in Kleingruppen mit zwei Erzieher*innen. Besser als nichts. Mit ihrem Wissen aus Kapitel 5 können Sie jedoch erraten, was am Ende der zweiten Klasse an Wissen noch vorhanden war … Sie ahnen es. Leider nichts. Kein Unterschied mehr. Zu erwähnen sind aber die etwas größeren Effekte bei Kindern mit weniger Vorwissen im Sprachverständnis.

Manchmal werde ich gefragt, ob man es nicht mit einer anderen Logik versuchen sollte. Anstatt früher zu üben, könnte man doch grundlegende Persönlichkeitsmerkmale frühzeitig verändern, die für das spätere Lernen förderlich wären, also so etwas wie Motivation, Neugier oder auch das Selbstwertgefühl. Ich bedaure, dass mir keine Untersuchung bekannt ist, die diesem kühnen Vorhaben in wissenschaftlich kontrollierter Weise nachgegangen ist.

Fassen wir also zusammen: Die Gleichung »früher = effektiver« geht nicht auf. Schwangerschaftsbegleitende Frühförderung hat keinen spezifischen Lerneffekt. Als frühester Förderbereich erscheint erst mit zwei Jahren die Sprachentwicklung am Horizont. Gezielte Lernprogramme in der frühen Kindheit werden oft als übertrieben effektiv angepriesen. Erwarten kann man eher kleine Verbesserungen. Doch gerade die können wichtig sein. Vor allem für Kinder mit Förderbedarf. Bei ihnen sieht man häufig auch den größten Lernzuwachs. Lassen wir sie also nicht allein.

Babybauch hört mit.

[28] Mahmoudzadeh M ... (2013) Syllabic discrimination in premature human infants ... Proceedings of the National Academy of Sciences of the USA 110, 4846–4851. https://doi.org/10.1073/pnas.1212220110

Beweiskraft:

Das kommt mir irgendwie bekannt vor. [29] Partanen E ... (2013) Learning-induced neural plasticity of speech processing before birth. Proceedings of the National Academy of Sciences of the USA 110, 15145–15150. https://doi.org/10.1073/pnas.1302159110			
Beweiskraft:	▒	▓	
Balsam für die Ohren? [30] UNICEF: https://www.unicef.org/parenting/child-development/how-music-affects- your-babys-brain-class [31] Arya R … (2012) Maternal music exposure during pregnancy influences neonatal behaviour ... International Journal of Pediatrics 2012, 901812. https://doi.org/10.1155/2012/901812 [32] Sheikhi S … (2015) Neuroplasticity changes of rat brain by musical stimuli during fetal period. Cell Journal 16, 448–455. https://doi.org/10.22074/cellj.2015.490			
Beweiskraft:	▒		
Ein musikalisches Strohfeuer. [33] Moreno S … (2011) Short-term music training enhances verbal intelligence and executive function. Psychological Science 22, 1425–1433. https://doi.org/10.1177/0956797611416999			
Beweiskraft:	▒	▓	

Macht Musik Schule?

[34] Cogo-Moreira H … (2013) Effectiveness of music education … PLOS One 8, e59984. https://doi.org/10.1371/journal.pone.0059984

Beweiskraft:

Worte wollen wachsen.

[35] Roberts MY … (2019) Association of parent training with child language development. JAMA Pediatrics 173, 671–680. https://doi.org/10.1001/jamapediatrics.2019.1197

Beweiskraft:

Früher Mathe machen?

[36] Bang HJ … (2023) Efficacy of an adaptive game-based math learning app … Early Childhood Education Journal 51, 717–732. https://doi.org/10.1007/s10643-022-01332-3

Beweiskraft:

Auf die Plätze, Lesen, los?

[37] Bleses D … (2021) Sustained effects of an early childhood language and literacy intervention … PLOS One 16, e0258287. https://doi.org/10.1371/journal.pone.0258287

Beweiskraft:

8.

ZEHN PROZENT

Folgende Behauptung ist ein Klassiker im Mental-Coaching: »Die meisten Menschen nutzen nur zehn Prozent ihres Gehirns. Bei uns lernen Sie, wie Sie Ihr volles geistiges Potenzial nutzen.« Manchmal müssen Größen wie Einstein für diese Aussage Pate stehen. Der Arme dreht sich dann wahrscheinlich wieder einmal im Grabe um. Ihm wurde ja so einiges zugeschoben. Zum Beispiel auch das wahrscheinlich nicht echte Zitat: »Zwei Dinge sind unendlich: das Universum und die menschliche Dummheit. Aber bei dem Universum bin ich mir noch nicht ganz sicher.«

Fatal ist, dass bei diesem Mental-Coaching-Klassiker ein Prozentwert angegeben wird. Das erweckt den Eindruck, hier hätte jemand etwas gemessen. Das hat aber niemand. Die magischen zehn Prozent kommen aus dem Nebel irgendeiner unbekannten Pseudowissenschaft, nicht aus dem Licht eines Hirnforschungslabors. Fraglich ist auch, was es überhaupt heißen soll, XX Prozent seines Gehirns zu nutzen? Geht es

1. um den Anteil der genutzten Nervenzellen? Oder 2. um deren maximale Leistung? Lassen Sie uns zunächst diese beiden Varianten durchchecken.

Ich setze die erste Variante in die Formel ein: »Die meisten Menschen nutzen nur zehn Prozent ihrer Nervenzellen.« Hier wäre zu klären: Tun sie das gleichzeitig? Oder sind die zehn Prozent der Anteil der überhaupt genutzten Nervenzellen? Ersteres lässt sich meines Wissens gar nicht beantworten. Ich kenne keine Messmethode, die alle 86,06 plus/minus 8,12 Milliarden Nervenzellen gleichzeitig einzeln erfasst. Letzteres ist schlicht falsch. Eine Magnetresonanztomografie (MRT) zeigt: Fast das gesamte Gehirn verbraucht Energie, auch wenn eine Person einfach nur in der Röhre liegt und nichts tut (Untersuchung[38] auf Beweiskraft-Stufe 5/5).

Weiter geht's mit der zweiten Variante: »Die meisten Menschen nutzen nur zehn Prozent der maximalen Leistung ihrer Nervenzellen.« Moment, *elektrische* Leistung? Dann ist diese Möchtegernbeobachtung noch falscher als die vorherige. Ein Professor hat eine Antwort, die ich im 2. Semester in einem Seminar gegeben habe, mal als *grottenfalsch* bezeichnet.

Das trifft es auch hier, denn wenn eine Nervenzelle auf einen Reiz reagiert, ist diese (elektrische) Reaktion immer (praktisch) maximal, mit kleinsten Abweichungen. Das ist das sogenannte Alles-oder-nichts-Gesetz, gültig spätestens seit einer wissenschaftlichen Veröffentlichung aus dem Jahr 1909 (Untersuchung[39] auf Beweiskraft-Stufe 5/5).

Oder meint man Leistung allgemein? Also elektrische Energie über die Zeit? Dann wäre die Behauptung: »Bei den meisten Menschen feuern die Nervenzellen nur über zehn Prozent der Zeit hinweg.« (Mit »feuern« ist gemeint: ein Aktionspotenzial bilden.) Auch das ist eine Möchtegernbeobachtung. Denn hier müsste man wiederum die Aktivität aller Nervenzellen gleichzeitig einzeln messen. Das geht nicht. 86,06 plus/minus 8,12 Milliarden Messelektroden sind undenkbar. Selbst einen Bruchteil davon messen zu wollen, sagen wir 0,001 Prozent, also 860.600 Zellen, wäre aberwitzig. Vor ein paar Jahren gab es eine große Party, als es gelang, die Aktivität von gerade mal 700 Nervenzellen gleichzeitig zu messen (Untersuchung[40] auf Beweiskraft-Stufe 5/5) – im Maus-Gehirn.

Davon abgesehen ist noch offen, von welchem Zeitraum die Rede ist. Von einem Tag? Von einem ganzen Leben? Letzteres würde den Rahmen der Wissenschaft sprengen. Außerdem bleibt offen, auf welche Tätigkeit sich das bezieht. Nur auf das Nachdenken? Oder auf alle Tätigkeiten? Schließlich frage ich mich noch: Warum sollte der Körper ein Organ mit sich herumschleppen, das er zu 90 Prozent gar nicht braucht? Und warum hat sich der angeblich ungenutzte Teil des Gehirns nicht zurückgebildet? In der bisherigen Evolution jedenfalls waren Energiesparorgane klar im (Überlebens-)Vorteil. Eine Untersuchung[41] (Beweiskraft-Stufe 4/5) zeigt uns, dass das Gehirn da keine Ausnahme ist. Es braucht insgesamt höchstens 17–20 Watt. Davon nur etwa drei Watt für elektrische Signale und deren Übertragung. Mein Notebook braucht 61 Watt.

Jetzt könnte jemand kommen und sagen: »Sie haben das falsch verstanden. Das mit dem Gehirn ist nicht wörtlich gemeint. Gemeint ist die Speicherkapazität des Gedächtnisses.« Ahaaa! Aber warum sagt man *Gehirn*, wenn man *Gedächtnis* meint? Sei's drum, wir kümmern uns gern auch um diese überraschende Umdeutung. Dann reden wir aber ganz klar über etwas völlig anderes, denke ich.

Also, neues Spiel. »Die meisten Menschen nutzen nur zehn Prozent ihrer Speicherkapazität.« Auch hier müssen wir zunächst nach dem Zeitraum fragen: 1. Geht es um das, was ich mir nach 20 Minuten merken kann? Oder 2. um das, was ich mir in zwei Jahren noch merken kann? Für den ersten Fall können wir eine Untersuchung[42] heranziehen, die praktischerweise auch die Hirnaktivität im Blick hatte (Beweiskraft-Stufe 3/5). Dort haben 17 überdurchschnittlich intelligente Studierende (IQ 117 plus/minus zwölf) an einem Gedächtnistraining teilgenommen. Sechs Wochen lang. 30 Minuten täglich. Spannend finde ich, dass die Gehirnaktivität nach dem Training schwächer und nicht stärker war. Mehr Speicherkapazität war also gleichbedeutend mit weniger Gehirneinsatz. Das steht für mich im Widerspruch zu der Aussage: »Die meisten Menschen nutzen *nur* zehn Prozent ihres Gehirns.«

Trainiert wurde die Loci-Methode, die spätestens seit der Antike verwendet wird. Man kann dabei einen vertrauten Weg mit möglichst vielen markanten Punkten abgehen. Zum Beispiel einen Weg durch die Wohnung. An jedem eindeutigen Punkt legt man dann gedanklich eine Information ab. Zum Beispiel ein Wort aus einer Liste. Um die Information wieder abzurufen, geht man den Weg dann noch einmal geistig ab. Die 17 Studierenden konnten so ihre Speicherkapazität für eine Wortliste im Durchschnitt von etwa 25 auf 56 Wörter steigern. Das bedeutet eine Steigerung um circa 60 Prozent. Das ist wirklich beeindruckend. Aber das heißt, die Kapazität lag am Anfang bei etwa 40 Prozent. Wenn »zehn Prozent« korrekt wären, hätten sie sich von 25 auf 250 Wörter steigern müssen.

Mit 250 Wörtern wären wir aber schon in der Ruhmeshalle der Gedächtnisathletik. Also dort, wo einige Menschen nach jahrelangem härtestem Training hinkommen. Ein gewisser Prateek Yadav hat es aktuell ganz nach oben geschafft. Er merkte sich 2019 innerhalb von 15 Minuten sagenhafte 335 Wörter. Aber es ist nicht dokumentiert, soweit ich weiß, dass er sich beim ersten Mal nur zehn Prozent davon (also etwa 33 Wörter) merken konnte. Besagte Untersuchung[42] spricht dafür, dass unsere Speicher-Erhöhungs-Kapazität individuell sehr sehr unterschiedlich ist. Denn die Anzahl der gemerkten Wörter streute stark zwischen den Studierenden: vor dem Training 25,2 plus/minus 16,9 und am Ende 56,2 plus/minus 16,2.

Kommen wir noch auf die Nachhaltigkeit der Loci-Methode zu sprechen. Weiter oben hatte ich es schon angedeutet:

Wie viel Speicherkapazität blieb den Studierenden zwei Jahre nach der Studie? Schließlich möchte man ja langfristig etwas davon haben. Das erfahren wir nicht. Nach vier Monaten konnten sie sich im Durchschnitt immerhin noch 50 statt 56 Wörter merken. Wie stark der weitere Verlust war, wissen wir nicht (siehe Kapitel 5). Ich bin auch nicht überzeugt, dass die Verbesserung allein durch das Loci-Training erklärt werden kann. Eine Vergleichsgruppe, die gar nichts trainiert hat, verbesserte sich irgendwie auch. Von 29 auf 36 Wörter. Naja, vielleicht haben sie doch heimlich trainiert?

Warum funktioniert diese antike Methode eigentlich überhaupt – mehr oder weniger zumindest? Naja, Informationen lassen sich *irgendwie* leichter merken, wenn sie räumlich angeordnet sind und wenn sie mit stabilem Vorwissen (zum Beispiel über die eigene Wohnung) verknüpft werden. Das mit dem Vorwissen funktioniert übrigens auch bei Eselsbrücken. Informationen lassen sich leichter merken, wenn sie in einen Zusammenhang gebracht werden, der in Bezug auf unser Vorwissen über die Welt sinnvoll erscheint (Untersuchung[43] auf Beweiskraft-Stufe 3/5). *Meine Veronika erklärt mir jeden Sonntag unseren Nachthimmel* kann den Abruf der zusammenhanglosen Namensliste *Merkur, Venus, Erde, Mars, Jupiter, Saturn, Uranus, Neptun* erleichtern. Das Forschungsteam, das die zuvor besprochene Untersuchung[42] durchgeführt hat, vermutet außerdem einen Überraschungseffekt: Informationen lassen sich leichter merken, wenn sie unerwartet mit neuen Informationen verknüpft werden. Also zum Beispiel der Deckel eines Mülleimers auf dem Weg durch die Wohnung mit einem Wort, das in diesem Zusammenhang besonders bizarr scheint.

Aber *wie* genau macht das Gehirn das? Soweit ich weiß, ist das ein ungelöstes Rätsel des menschlichen Geistes. Grundsätzlich gehen die Vorstellungen in zwei Richtungen. Die Verknüpfung zweier geeigneter Reize kann einerseits dazu führen, dass die Reizschwelle von Nervenzellen sinkt, die an der Gedächtnisbildung beteiligt sind. Die Nervenzellen müssen sich dann quasi weniger anstrengen, um einen Gedächtnisinhalt aufzurufen. Andererseits kann die Verknüpfung dazu führen, dass die Nervenzellen stärker aktiviert werden. Sie klopfen dann sozusagen beharrlicher an die Tür desjenigen Zimmers, in dem der Gedächtnisinhalt schläft. Das sind natürlich nur Bilder für mögliche biochemische Vorgänge, die in Wirklichkeit wahnsinnig komplex sind. Ein möglicher Vorgang wurde übrigens am kalifornischen Seehasen entdeckt. Das ist eine Meeresschnecke, die nur etwa 20.000 besonders große (und damit leicht zu untersuchende) Nervenzellen hat. Dafür gab es einen Nobelpreis (https://www.nobelprize.org/prizes/medicine/2000/kandel/facts/). Ich würde sagen: Wo einer ist, da sind noch mehr.

Immer an.

[38] Raichle ME ... (2001) A default mode of brain function ... Proceedings of the National Academy of Sciences of the USA 98, 676–682. https://doi.org/10.1073/pnas.98.2.67

Beweiskraft:

Alles oder nichts.

[39] Lucas K ... (1909) The 'all or none' contraction of the amphibian skeletal muscle fibre. The Journal of Physiology 38, 113–133. https://doi.org/10.1113/jphysiol.1909.sp001298

Beweiskraft:

Massenabfertigung.

[40] Jun JJ ... (2017) Fully integrated silicon probes for high-density recording of neural activity. Nature 551, 232–236. https://doi.org/10.1038/nature24636

Beweiskraft:

Energiesparlampe im Kopf.

[41] Levy WB ... (2021) Communication consumes 35 times more energy than computation ... Proceedings of the National Academy of Sciences of the USA 118, e2008173118. https://doi.org/10.1073/pnas.2008173118

Beweiskraft:

Die Loci-Methode.

[42] Wagner IC ... (2021) Durable memories and efficient neural coding … Science Advances 7, eabc7606. https://doi.org/10.1126/sciadv.abc7606

Beweiskraft:

Meine Veronika erklärt mir jeden Sonntag unseren Nachthimmel.

[43] Nelson DL ... (1972) The first letter mnemonic. Journal of Educational Psychology 63, 482–486. https://doi.org/10.1037/h0033131

Beweiskraft:

9.

NERVENNAHRUNG

In meiner Kindheit war es nicht unüblich, verstärkt Traubenzucker zu konsumieren. »Dextrose« klang irgendwie cool und versprach »mehr Energie« für die Klassenarbeit. Werbung dieser Art war unfassbar lange erlaubt. Erst 2016 wurde ein bekannter Anbieter von der Europäischen Union zurückgepfiffen. Seitdem darf er zu Dextrose keine Angaben mehr machen, die als gesundheitsfördernd missverstanden werden könnten – eine sinnvolle Entscheidung, wie ich finde.

Auch ich habe mir diesen Zucker früher vor Klassenarbeiten eingeworfen. In den meisten Fällen war das vermutlich nutzlos, denn ich ging morgens nie aus dem Haus, ohne eine große Schüssel Getreideflocken verzehrt zu haben. Und ich hatte eigentlich immer etwas zu essen für die Pausen dabei. Der Zucker aus der Nahrung wird in der Leber gespeichert und kann dem Gehirn innerhalb von Sekunden geliefert werden. Für zwei Stunden Klassenarbeit war da bei mir bestimmt locker genug vorrätig. Wenn überhaupt, hätte es höchstens während der sechsstündigen Abi-Klausuren etwas gebracht, Zucker nachzulegen.

Aber selbst das ist alles andere als klar. In einer Untersuchung[44] wurde Studierenden nach zwölf Stunden Fasten entweder 200 ml Wasser oder 200 ml Wasser mit 75 g Traubenzucker verabreicht. Einige bekamen am ersten Tag Wasser und am zweiten Tag Zuckerwasser. Bei anderen war es genau andersherum. Das wurde zufällig festgelegt. Nach einer 20-minütigen Verdauungszeit lösten die Studierenden verschiedene Testaufgaben, die unter anderem das Kurzzeitgedächtnis forderten (Positionen und Wörter merken). Insgesamt schnitten die Versuchspersonen am Wassertag nicht schlechter ab als am Zuckerwassertag. Lediglich diejenigen Leute, die am Wassertag am schlechtesten abschnitten, waren am Zuckertag deutlich besser. Wenn also Traubenzucker wirksam sein sollte, scheint der Effekt individuell sehr unterschiedlich zu sein. Offen bleibt aber, welche individuellen Faktoren dabei eine Rolle spielen. Blutzuckerwerte zum Beispiel wurden gar nicht gemessen, um die Zuckerverwertung zu bestimmen. Außerdem gab es keine Placebo-Kontrollgruppe, die eine süße Lösung ohne Zucker intus hatte. So kann nicht ausgeschlossen werden, dass es nicht der Zucker war, sondern der belohnende und motivierende Effekt des süßen Geschmacks, der den Leistungssprung erklärt. Nicht zuletzt gab es keine Wiederholungsmessungen. Zufall ist also zumindest denkbar. Gerade bei einer kleinen Stichprobe (Beweiskraft-Stufe 2/5).

Einen guten Ruf als »Nervennahrung« genießt auch »Studentenfutter«. Der Name verrät es scheinbar schon: Mit diesem Futter studiert es sich gut. Aber der Begriff hat einen ganz anderen Ursprung. Er bezieht sich darauf, dass dieser Snack ab dem 17. Jahrhundert von finanziell gut gestellten jungen Herren als Mittel gegen Kater verwendet wurde (siehe das Schriftstück von Heinrich Caspar Abel: »Wohlerfahrner Leib-Medicus der Studenten«, Leipzig, 1699) – und keineswegs als Lernbooster.

Studentenfutter enthält viele getrocknete Trauben, also viel natürlichen Traubenzucker. Den haben wir schon abgehakt. Aber was ist mit den Nüssen? Dieser Frage ist eine solide Untersuchung[45] mit Jugendlichen im Alter von elf bis 16 Jahren auf den Grund gegangen (Beweiskraft-Stufe 4/5). Aus zwölf Oberschulen in ganz Barcelona wurden 771 Versuchspersonen rekrutiert und zufällig in zwei Gruppen eingeteilt. Die Jugendlichen einer Gruppe erhielten sechs Monate lang 30 Gramm kalifornische Walnüsse pro Tag. Dabei wurden stichprobenartig Blutfettwerte bestimmt, um sicherzugehen, dass die Nüsse tatsächlich verzehrt wurden. Außerdem führten die Eltern ein Walnuss-Verzehrtagebuch. In der anderen Gruppe dagegen erfolgte kein Eingriff in den Speiseplan. Vorher und nach dem Verzehr gab es Testaufgaben zur Daueraufmerksamkeit, zum Entscheidungsverhalten und zum logischen Schlussfolgern. Außerdem wurde die Fähigkeit zur Überwachung und Aktualisierung des Arbeitsgedächtnisses getestet. Dabei sieht man eine Reihe von Buchstaben und hat die Aufgabe, nur auf solche Buchstaben zu reagieren, die mit einem Buchstaben identisch sind, der an zwei oder drei Positionen davor zu sehen war. Unterm Strich stellte sich heraus, dass Walnüsse keinen Einfluss auf die geistige Leistungsfähigkeit hatten. Neben Zucker sind damit auch Nüsse nicht das, was man sich unter Nervennahrung vorstellt. Was auf gar keinen Fall heißen soll, dass Nüsse ungesund sind.

Kennen Sie *Brahmi*? Das ist eine traditionelle Heilpflanze aus dem Ayurveda. Ihr wird nachgesagt, das Gedächtnis zu stärken und das Fortschreiten einer Demenz zu verlangsamen. Entsprechende Präparate mit Brahmi verkaufen sich offenbar gut. Die Datenlage dagegen lässt arg zu wünschen übrig: kleine Stichproben, fragwürdige Auswertungen und keine belastbare Wirkung von Brahmi auf die Gedächtnisleistung. In dieses Bild passt eine Untersuchung[46], in der 28 Studierende sechs Wochen lang zweimal täglich 150 Milligramm Brahmi-Extrakt einnahmen, während 14 Studierenden in der Vergleichsgruppe ein Placebo verabreicht wurde. Ein statistisch zweifelhafter Vorher-nachher-Vergleich ergab in neun von zehn Gedächtnistests keine Unterschiede zwischen den Gruppen. Der einzige Unterschied wurde im Erinnern an die Inhalte kurzer Geschichten beobachtet, aber dieser Unterschied kam nur durch einen anderen Umstand zustande. Die Placebo-Gruppe konnte sich nämlich vor der Behandlung viel besser an die Geschichten erinnern als die Brahmi-Gruppe. Danach verschlechterte sich die Placebo-Gruppe jedoch auf mysteriöse Weise (Beweiskraft-Stufe 1/5).

Beim Lesen einer der ersten Untersuchungen[47] zur Wirksamkeit von Brahmi war ich ein bisschen baff. Der ganze Artikel aus dem Jahr 2019 besteht aus zwölf Sätzen auf einer halben Seite. Alles, was wir erfahren, ist, dass zwölf erwachsene Menschen mit mittelschwerer Demenz und anderen Erkrankungen (außer Typ-1-Diabetes) drei Monate lang 500 Milligramm Brahmi-Extrakt einnahmen und am Ende angeblich kaum noch kognitive Schwierigkeiten hatten. Das ist alles. Keine Rede von irgendeiner Form der experimentellen Kontrolle. Auf dieser Grundlage in einem wissenschaftlichen Fachartikel zu schreiben, Brahmi sei ein »effektives Medikament für die Behandlung von Demenzen«, finde ich unverantwortlich (Beweiskraft-Stufe 0/5).

Auch der Extrakt des Gingkoblattes wird mit einer stärkenden Wirkung auf das Gedächtnis älterer Menschen beworben. In einer Untersuchung[48] aus dem Jahr 2005 mit 513 Patient*innen mit Alzheimer konnte ein Pharmaunternehmen zunächst keinen Effekt feststellen (Beweiskraft-Stufe 3/5). In zwei weiteren Untersuchungen[49/50] vergleichbarer mittlerer Qualität fand das Unternehmen dann doch noch einen Effekt: Nach einem halben Jahr mit einer täglichen Einnahme von 240 Milligramm Gingko-Extrakt schnitten Patient*innen mit Alzheimer in einem Gedächtnis- und Aufmerksamkeitstest besser ab als eine Vergleichsgruppe, die nur ein Placebo einnahm. Eine unabhängige Bestätigung dieser Ergebnisse konnte ich nicht finden. Alle drei Untersuchungen wurden durch das Unternehmen finanziert und mindestens eine Person aus der Firma war an der Durchführung beteiligt. Darüber hinaus gibt es gewisse Ungereimtheiten: So sind zum Beispiel keine Effektstärken angegeben. Außerdem hatten einige Patient*innen weitere Erkrankungen und nahmen weitere Medikamente ein, die das Ergebnis beeinflusst haben könnten.

So langsam wird es Zeit für einen Blick auf »härtere Substanzen«. Koffein ist da ein großes Thema, ebenso seine Verwandtschaft in Tees. Allein die Tassen Kaffee dieser Welt gehen womöglich täglich in die Milliarden. Koffein verdient den Namen *Nervennahrung* insofern, dass es direkt in die Aktivität von Nervenzellen eingreift. Dieser Vorgang ist im Gehirn von Mäusen schon im Detail verstanden worden, zumindest in deren Bewegungsnervensystem (Untersuchung[51] auf Beweiskraft-Stufe 4/5). Koffein bindet und blockiert mindestens zwei Proteine: A_1 und A_{2A}. Diese Proteine sind Empfangsstationen besonderer Nervenzellen, die wie Bremsen wirken. Sie empfangen eigentlich den Botenstoff Adenosin. Wenn die Empfangsstationen nun aber durch Koffein blockiert sind, können sie weniger Adenosin aufnehmen. Das verringert die Bremswirkung dieser Zellen auf die eigentlichen Bewegungszellen, sodass sich die Koffein-Maus quasi mit gelöster Bremse mehr bewegt. Die blockierende Wirkung des Koffeins umfasst übrigens zahlreiche Zwischenschritte, an denen mehrere Enzyme und weitere Proteine beteiligt sind.

Dass Koffein auch im Nervensystem des Menschen bremsenlösend wirkt, gilt als sehr wahrscheinlich, aber soweit ich weiß, ist das noch nicht direkt nachgewiesen. Die Frage aller Fragen ist nun, ob Koffein auch in dem Sinn *Nervennahrung* ist, dass es die geistige Leistungsfähigkeit steigern kann. In einer Untersuchung[52] dazu absolvierten zwölf männliche Studierende verschiedene Tests: Wörter aus Wortlisten merken, logisches Schlussfolgern anhand von Formen, Zahlen schnellstmöglich verbinden, dauerhaft aufmerksam einen Zähler an wechselnden Positionen auf einem Bildschirm antippen und einiges mehr. Anschließend erhielten sie an einem Tag 200 Milligramm Koffein und eine Woche später 200 Milligramm eines Placebos. In einer ganzen Serie von 15 Tests gab es nur einen kleinen Effekt auf die Daueraufmerksamkeit (Beweiskraft-Stufe 3/5). Mit Koffein im Körper tippten die Personen den Zähler im Durchschnitt nach 390 Millisekunden an. Ohne Koffein brauchten sie im Durchschnitt 403 Millisekunden.

Hat dieses Ergebnis auch in einer größeren Gruppe Bestand? Ja, das sieht tatsächlich so aus. Eine Untersuchung[53] mit insgesamt 276 Versuchspersonen findet ebenfalls eine aufmerksamkeitssteigernde Wirkung (Beweiskraft-Stufe 4/5). Und wieder ist es die Daueraufmerksamkeit. Diesmal sollten die Versuchspersonen per Mausklick so schnell wie möglich einen roten Kreis antippen, der in der Mitte eines Bildschirms auftauchte.

Bei beiden Untersuchungen stellt sich aber die Frage: Hat das Koffein die Aufmerksamkeit beeinflusst? Oder nur den Bewegungsablauf der Hand beschleunigt? Oder beides? Statt händischer Reaktionen könnte man beim nächsten Mal vielleicht auf Blickbewegungen umsatteln (Eye-Tracking).

Nun folgt eine Hommage an die Getränkeindustrie. Was ist das: Spontan in der Chemiefabrik vergoren, Ausbau im 200-Hektoliter-Edelstahltank. Man wird begrüßt von einer stechend riechenden künstlichen Süße. Es werden längst vergessen geglaubte Erinnerungen wach – an Gummibären, Schaumzucker-Apfelringe, Kaugummiautomaten. Eine supermarktparfümartige Frische umspielt einen. Staunend entdeckt man die zwischen neongelb und rotorange changierende Farbe. Dann geht es los mit einem explosionsartigen Sprudeln auf der Zunge, gefolgt von einer klebrigen Vereinnahmung des Gaumens, im Schwitzkasten einer toxischen Säure. Schließlich ein furioses Finale aus endlos krachender Süße. Ein unvergesslicher Tropfen.

Richtig. Wir sind bei Energydrinks angekommen. Die enthalten meistens Koffein. Und häufig auch 2-Aminoethansulfonsäure, kurz: Taurin. Taurinhaltige Getränke werden in Ostasien seit fast 100 Jahren konsumiert. Man sagt, Flugzeugpilot*innen erhofften sich davon einen Zaubertrank, der Adleraugen verleiht. Lastkraftfahrer*innen wollten damit angeblich dem gefürchteten Sekundenschlaf am Steuer vorbeugen. Aktuell ist der Stoff im Trend, weil er mit dem Altern in Verbindung gebracht wird. Mäuse haben offenbar eine um 18 bis 25 Prozent höhere Lebenserwartung, wenn sie täglich ein Gramm Taurin pro Kilogramm Körpergewicht zugefüttert bekommen. Die DNA bleibt länger intakt, der Zellstoffwechsel läuft länger, als er soll, und Entzündungen werden abgeschwächt (Untersuchung[54] auf Beweiskraft-Stufe 4/5).

Allerdings fand man leider (noch) keinen ursächlichen Zusammenhang bei uns Menschen. Was man weiß: Ältere Menschen haben anscheinend durchschnittlich 80 Prozent weniger Taurin im Blut. Und intensives körperliches Training scheint die Konzentration von Taurin im Blut leicht zu erhöhen – aber das sind nur lose miteinander verbundene Anhaltspunkte. Ob wir unsere Lebenserwartung erhöhen können, indem wir Taurin als Nahrungsergänzung verwenden, bleibt abzuwarten. Wir müssten täglich 85 Gramm zu uns nehmen, um auf die Dosis der Mäuse zu kommen. Eine typische Tablette enthält zurzeit ein Gramm. Täglich wären also 85 Taurin-Pillen zu schlucken. Nein danke, zumal bislang unbekannt ist, ob das mehr schadet als nützt. Außerdem klingt es zu einfach, um wahr zu sein. Aber wer weiß? Man darf gespannt sein auf Untersuchungen am Menschen.

Ein Gramm Taurin reicht jedenfalls offenbar nicht, um geistig leistungsfähiger zu werden. Das sagt eine Miniuntersuchung[55] mit 14 Soldaten der kolumbianischen Armee, die aber trotz der wichtigen Forschungsfrage wegen der kleinen Stichprobe und der fehlenden Kontrollgruppe kaum überzeugen kann (Beweiskraft-Stufe 2/5). Für die Untersuchungen wurden Getränke gemixt, die einen vergleichbaren Geschmack wie ein Energydrink hatten, aber unterschiedliche Mengen an Taurin und/oder Koffein enthielten. In mehreren Sitzungen erreichten die Soldaten vergleichbare Ergebnisse in

Tests zur Aufmerksamkeit und zum Kurzzeitgedächtnis, egal ob sie vorher ein Placebo-Getränk ohne alles oder das Getränk mit dem Gramm Taurin getrunken hatten. Ein Plus war hier, dass Taurin und Koffein separat untersucht wurden. Wichtig für die Wissenschaft wäre es, wenn dieser Ansatz in einer mindestens zehnmal größeren Gruppe und einer ebenso großen Kontrollgruppe weiterverfolgt werden könnte. Bis dahin sollten wir Taurin als Nervennahrung noch nicht ganz abschreiben.

Letzte Station: Methylphenidat, besser bekannt als Ritalin. Dieses Betäubungsmittel ist nur nach Verschreibung legal erhältlich. Aus gutem Grund, denn es kann sehr schnell abhängig machen. Und es kann eine Reihe von Nebenwirkungen verursachen. Schlafstörungen, erhöhte Reizbarkeit, die Liste ist lang. Ritalin wird heute vor allem zur Behandlung der Aufmerksamkeitsdefizit-/Hyperaktivitätsstörung eingesetzt.

Gehirndoping mit Ritalin ist also grundsätzlich keine gute Idee – aber weit verbreitet. Subjektiv wird häufig berichtet, dass man weniger leicht ablenkbar ist und sich dadurch länger und konzentrierter einer Aufgabe zuwenden kann. Umso überraschender finde ich es, dass die oben erwähnte Untersuchung[52] mit Objektivitätsanspruch zu einem anderen Ergebnis gekommen ist. Die Einnahme von Methylphenidat machte die zwölf Studierenden weder aufmerksamker noch motivierter. Sie empfanden die Tests nur subjektiv als weniger ermüdend. Im schlimmsten Fall könnte es also sein, dass die Pille einem lediglich das Gefühl gibt, wacher zu sein, während sich an der wirklichen Leistung wenig ändert. Berichtet wird immerhin, dass sich die Versuchspersonen nach 24 Stunden etwas besser an Wörter aus Wortlisten erinnern konnten. Eine unabhängige Bestätigung dieses Ergebnisses konnte ich aber nicht finden. Selbst wenn es stimmen sollte, bleibe ich dabei: Gehirndoping mit Ritalin ist keine gute Idee.

Am Ende können wir festhalten, dass bisher nur Koffein als leistungssteigernde Nervennahrung infrage kommt. Allerdings möchte ich keinen Freibrief für Koffeinkonsum schreiben. Mir geht es so, dass ich auf Dauer zumindest subjektiv mit Koffein schlechter schlafe. Dann bin ich am nächsten Tag weniger daueraufmerksam und brauche noch mehr Koffein, um das auszugleichen. An einem gewissen Punkt sehe ich dann ein, dass es keinen Sinn macht, koffeinbedingter geringerer Schlafqualität mit mehr Koffein entgegenzutreten.

Ich trau dem Traubenzucker nicht.

[44] Neukirchen T … (2022) Cognitive glucose sensitivity ... Nutrition & Diabetes 12, 10. https://doi.org/10.1038/s41387-022-00191-6

Beweiskraft: ■■□□□

Sie haben die Wa(h)l(nuss).

[45] Pinar-Martí A ... (2023) Effect of walnut consumption … eClinicalMedicine 59, 101954. https://doi.org/10.1016/j.eclinm.2023.101954

Beweiskraft: ■■■■□

Grüne Gedächtnispille?

[46] Kumar N ... (2016) Efficacy of standardized extract of bacopa monnieri … Evidence-based Complementary and Alternative Medicine, 4103423. https://doi.org/10.1155/2016/4103423

Beweiskraft:	■			

Gegen Demenz ist noch kein Kraut gewachsen.

[47] Mishra M ... (2019) Brahmi (Bacopa monnieri Linn) in the treatment of dementias – a pilot study. Future Healthcare Journal 6, 69. https://doi.org/10.7861/futurehosp.6-1-s69

Beweiskraft:				

Gingko – Bingo?

[48] Schneider LS ... (2005) A randomized, double-blind, placebo-controlled trial of two doses of Ginkgo biloba extract … Current Alzheimer Research 2, 541–551. https://doi.org/10.2174/156720505774932287

[49] Ihl R … (2011) Efficacy and safety of a once-daily formulation of Ginkgo biloba extract … International Journal of Geriatric Psychiatry 26, 1186–1194. https://doi.org/10.1002/gps.2662

[50] Herrschaft H … (2012) Ginkgo biloba extract EGb 761® in dementia with neuropsychiatric features … Journal of Psychiatric Research 46, 716–723. https://doi.org/10.1016/j.jpsychires.2012.03.003

Beweiskraft:	■	■	■	

Wie Koffein die Handbremse löst.

[51] Lindskog N ... (2002) Involvement of DARPP-32 phosphorylation in the stimulant action of caffeine. Nature 418, 774–778. https://doi.org/10.1038/nature00817

Beweiskraft:

Konzentriert mit Koffein (Teil 1).

[52] Repantis D ... (2021) Cognitive enhancement effects of stimulants … Psychopharmacology 238, 441–454. https://doi.org/10.1007/s00213-020-05691-w

Beweiskraft:

Konzentriert mit Koffein (Teil 2).

[53] Stepan ME ... (2021) Caffeine selectively mitigates cognitive deficits caused by sleep deprivation. Journal of Experimental Psychology. Learning, Memory, and Cognition 47, 1371–1382. https://doi.org/10.1037/xlm0001023

Beweiskraft:

Tschüss Taurin, Hallo Alter.

[54] Singh P ... (2023) Taurine deficiency as a driver of aging. Science 380, eabn9257. https://doi.org/10.1126/science.abn9257

Beweiskraft:

Taurin allein macht auch nicht glücklich.

[55] Kammerer M ... (2014) Effects of energy drink major bioactive compounds ... Journal of the International Society of Sports Nutrition 11, 44. https://doi.org/10.1186/s12970-014-0044-9

Beweiskraft:

10.

RATIONAL LINKS – KREATIV RECHTS

»Machen Sie den Test! Welche Ihrer beiden Gehirnhälften ist die dominante? Gezeigt wird eine Schwarz-Weiß-Animation einer Tänzerin, die sich im Uhrzeigersinn um ihre eigene Achse dreht. Achten Sie genau auf die Bewegung der Tänzerin!« Ja, mach ich. Nichts Besonderes. Was soll ich da schon sehen, denke ich. Dann schaue ich mir die sogenannte Auswertung an, die sich für mich eher wie ein Horoskop liest:

»Dreht sich die Tänzerin im Uhrzeigersinn, dominiert Ihre rechte Gehirnhälfte. Sie sind eher kreativ, intuitiv und emotional. In Ihrem Kopf überwiegen die Bilder.

Dreht sich die Tänzerin gegen den Uhrzeigersinn, dominiert Ihre linke Gehirnhälfte. Sie sind eher rational, logisch und analytisch. In Ihrem Kopf überwiegen Zahlen und Buchstaben.

Gelingt es Ihnen, die Tänzerin so zu sehen, dass sie die Richtung wechselt? Tipp: Achten Sie auf ihren Schatten!«

Ich zeige diese Animation auch meinem wissenschaftlichen Team. Das sind Menschen wie ich, die Zahlen zugewandt sind. Die meisten haben einen Doktortitel. »Sieht hier irgendjemand eine Rotation *gegen* den Uhrzeigersinn?« *Gelächter. Kopfschütteln.* »Könnt ihr eine Rotation in beide Richtungen sehen?« *Nein.* Vielleicht sind wir eine zufällige Anhäufung von Ausnahmen, die die Regel bestätigen?

Soweit ich sehe, liegt dem verwendeten Begriff der Dominanz folgende Vorstellung zugrunde: Eine Gehirnhälfte A dominiert eine Gehirnhälfte B, wenn Gehirnhälfte A bei einem bestimmten geistigen Vorgang deutlich aktiver ist als Gehirnhälfte B. Diese Vorstellung ist nicht vollkommen abwegig. Tatsächlich reagiert die linke Gehirnhälfte bei den meisten erwachsenen Menschen stärker auf Sprache als die rechte. (Zumindest auf Laute und Grammatik. Bei der Sprachmelodie ist es genau andersherum.) Allerdings entwickelt sich diese Dominanz erst im Laufe der Kindheit. Und bei einigen wenigen Menschen bildet sie sich gar nicht aus. Dazu zitiere ich meine eigene Überblicksarbeit[56]. Sie zeigt, dass die Ergebnisse jahrzehntelanger Forschung in dieser eher unstrittigen Frage weitgehend übereinstimmen (Beweiskraft-Stufe 5/5).

Der entscheidende Punkt ist aber: Mit ihrer Dominanz in einer Gehirnhälfte (meistens der linken) steht die Sprache fast allein da. Eine ebenbürtige Kandidatin ist lediglich noch die räumliche Aufmerksamkeit, die die rechte Gehirnhälfte dominiert (Untersuchung[57] auf Beweiskraft-Stufe 4/5). Auf andere Informationen reagieren typischerweise beide Gehirnhälften.

Nehmen wir zum Beispiel das Kopfrechnen. Das ist ein rationaler, logischer und analytischer Prozess. Beschränken sich die entsprechenden Aktivierungen auf die linke Hälfte? So wie es der Mythos prophezeit? Nein! Das zeigt uns eine zusammenfassende Auswertung[58] von 31 Studien mit 517 Versuchspersonen. Die Aktivierungen beim Kopfrechnen sind fast symmetrisch über beide Gehirnhälften verteilt (Beweiskraft-Stufe 4/5). Ein anderes Beispiel wäre das intuitive bildliche Verständnis physikalischer Gesetzmäßigkeiten. Da hier Intuition am Werk ist, würde der Mythos die rechte Gehirnhälfte heraufbeschwören. Stellen Sie sich nun ein Video vor, auf dem eine Hand nach einem Apfel greift, der ganz unten in einem Stapel von Äpfeln liegt. Ohne physikalische Simulationen durchzurechnen, wissen wir intuitiv aus unserer Erfahrung heraus, dass der Stapel wahrscheinlich einstürzen wird, wenn die Person tatsächlich zugreift. Versuchspersonen, denen solche Videos (mit Klötzen) vorgespielt wurden, während sie im MRT lagen, zeigten in einer Untersuchung[59] ebenfalls nahezu symmetrische Aktivierungen (Beweiskraft-Stufe 4/5). Da ist keine Spur von einer rein rechtsseitigen Aktivierung.

Es gibt weitere Schwarz-Weiß-Malereien des Denkens und Wahrnehmens, für die ich keine Beweise einer Links-Rechts-Dominanz im Gehirn gefunden habe: Links detailliert – rechts überblickend, links analytisch – rechts ganzheitlich, links konzentriert – rechts sprunghaft, links zeitlich – rechts räumlich. Keine Gewähr auf Vollständigkeit. Bestimmt gibt es noch mehr vermeintliche Gegensatzpaare.

Warum eigentlich kümmert sich bei den meisten Menschen nur jeweils eine Gehirnhälfte um Sprachlaute oder räumliche Aufmerksamkeit? Zu dieser kniffligen Frage kenne ich nur Spekulationen. Oft wird diese Beobachtung als Beleg dafür angesehen, dass das Gehirn auf Effizienz getrimmt ist. Eine Überlegung ist: Wenn eine Funktion eine Hälfte stärker besetzt, bleibt in der anderen Hälfte mehr Platz frei für eine andere Funktion. Da fragt man sich dann aber durchaus, was die Evolution davon abgehalten hat, alle Funktionen gleichermaßen aufzuteilen? Gibt es einen Grund, warum das nur bei Sprache und räumlicher Aufmerksamkeit geht bzw. zumindest bei diesen beiden am stärksten ausgeprägt ist? Ein weiterer wackliger Erklärungsversuch lautet, dass das Gehirn durch die Aufteilung mehr Informationen gleichzeitig verarbeiten kann. Aber selbst wenn das stimmen sollte, würde sich wieder die Frage stellen, warum dann nicht alle Funktionen genauso aufgeteilt werden können?

Das Links-Rechts-Missverständnis tarnt sich geschickt als eine Art Theorie, so geschickt, dass furiose (falsche) Schlüsse daraus abgeleitet werden. Zum Beispiel dieser hier:

Annahme 1:
Die rechte Gehirnhälfte steuert kreative Prozesse. ✗

Annahme 2:
Die rechte Gehirnhälfte steuert die linke Hand. ✓

Annahme 3:
Linkshändige nutzen die rechte Gehirnhälfte häufiger als die linke. ✗

Schlussfolgerung:
Linkshändige sind kreativer als Rechtshändige. ✗

Annahme 1 ist falsch. Bisher gibt es keine Beweise dafür, dass kreative Prozesse unter Ausschluss der linken Gehirnhälfte ablaufen. Die spätere Schlussfolgerung hat also an diesem Punkt schon verloren. Da hilft es auch nicht, dass Annahme 2 stimmt: Tatsächlich wird eine Körperhälfte von der gegenüberliegenden Gehirnhälfte gesteuert. Annahme 3 ist in dieser allgemeinen Form aber ebenfalls falsch. Diese Aussage trifft nur auf denjenigen Teilbereich der rechten Gehirnhälfte zu, der die Bewegungen der linken Körperhälfte steuert. Höchstens noch auf sprachverarbeitende Bereiche. Aber vermutlich nur bei allerhöchstens zehn Prozent aller Menschen (Untersuchung[60] auf Beweiskraft-Stufe 2/5). Auch die Schlussfolgerung findet keine Unterstützung aus der Wissenschaft. Zugegeben, spontane Kreativität entzieht sich ein Stück weit der experimentellen Kontrolle. Aber eben nicht ganz. Kreativität wird in der Psychologie zum Beispiel mit folgender Aufgabe erfasst: »Nennen Sie alle Verwendungsmöglichkeiten für ein Buch, die Ihnen innerhalb von zwei Minuten einfallen.« In einer Untersuchung[61] mit fast 8000 Menschen waren die Antworten linkshändiger Leute insgesamt nicht kreativer. Überhaupt stellte sich der Zusammenhang zwischen Händigkeit und Kreativität als so winzig klein heraus, dass er nicht der Rede wert ist (Beweiskraft-Stufe 3/5).

Natürlich kann die Pseudotheorie noch viel mehr. Sie ist nicht nur eine Persönlichkeitstheorie (siehe Kreativität), sondern sie ist auch eine Kulturtheorie: In der westlichen Welt sei die linke Gehirnhälfte angeblich viel stärker gefordert als die rechte. Ein Grund dafür sei das viel gescholtene Schulsystem, das sich von Anfang an mehr um die linke Gehirnhälfte kümmere. Das Denken in Buchstaben und Zahlen stehe im Vordergrund. Kunst, Musik und Sport seien dagegen nur Nebenfächer. Deshalb müsse die rechte Gehirnhälfte stärker in unser Lernen und Denken mit einbezogen werden. Das sei keine große Sache. Wir haben nur verlernt, wie das geht. Man findet sogar konkrete Tipps für Übungen. So wird empfohlen, Musik zu hören, während man Denkaufgaben bearbeitet. Und beim Lernen sei es hilfreich, auf und ab zu gehen.

Eigentlich ist es aber so, dass unser Gehirn Musik gar nicht so rechtslastig verarbeitet, wie hier unterstellt wird. Eine Auswertung[62] von 30 MRT-Untersuchungen zeigt eine ziemlich symmetrische Verteilung der Aktivierung über beide Gehirnhälften (Beweiskraft-Stufe 4/5). Und auch beim Gehen bemühen wir ja beide Gehirnhälften. Hüpfen auf dem linken Bein wäre zumindest folgerichtig, wenn auch ebenfalls nutzlos. Wer soll sich da noch auf das Lernen konzentrieren können? Gefragt wären beim hüpfenden Lernen außerdem

Fokus, Kontrolle, Koordination usw. Es drängt sich die Frage auf, was daran kreativ, intuitiv und emotional sein soll?

Fans des Links-Rechts-Mythos basteln bisweilen auch schon an einer Weltformel der Gesellschaftstheorie: Die erfolgreichsten Menschen unserer Gesellschaft sind angeblich diejenigen, deren Gehirnhälften am stärksten miteinander verbunden sind, denn bei ihnen, so die Behauptung, harmonieren logisches Denken und intuitive Kreativität am besten. Auch das lässt sich vermeintlich trainieren: Zeichnen Sie einfach ein paar liegende Achten vor sich in die Luft, um Ihre Gehirnhälften stärker miteinander zu verbinden.

Wenn Nervenzellen miteinander verbunden sind, heißt das übrigens nicht, dass sie sich direkt berühren. Es bleibt immer ein kleiner Spalt zwischen ihnen. Über diesen sogenannten »synaptischen Spalt« tauschen sie Botenstoffe aus, sobald eine Zelle angeregt wird. Es gibt also keine elektrische Standleitung zwischen den Zellen; stattdessen werden sie biochemisch dazu angeregt, elektrische Signale zu erzeugen, die dann wiederum Botenstoffe freisetzen und so weiter (Untersuchung[63] auf Beweiskraft-Stufe 5/5).

Tatsächlich sind schätzungsweise höchstens 22 Prozent aller Nervenzellen überhaupt mit anderen Nervenzellen verbunden, die weiter als ein paar Millimeter von ihnen entfernt sind. Und wiederum nur etwa ein Fünftel von ihnen unterhalten Verbindungen in die andere Gehirnhälfte (Untersuchung[64] auf Beweiskraft-Stufe 3/5). Und das hat gute Gründe. Zum einen: Platz und Energie sparen. Malen wir uns eine überehrgeizige Schöpfung aus, die verlangt, jede Nervenzelle solle mit allen anderen Nervenzellen verbunden sein. Dann würde die Zahl der Verbindungen überproportional ansteigen. Das Gehirn hat anscheinend jedoch nur bedingt ein Interesse daran, mehr »Stromfresser« zu betreiben. Zum anderen ist die Übertragung in einem dichten Netzwerk langsamer. Stellen Sie sich ein Quadrat mit einem Zentimeter Kantenlänge vor. An jedem Eckpunkt platzieren wir eine Nervenzelle. Zur benachbarten Zelle muss das Signal nur einen Zentimeter zurücklegen. Zur gegenüberliegenden Zelle dagegen schon 1,414 cm. Das ist die sprichwörtliche »lange Leitung«. Solche langen Leitungen möchte das Gehirn offenbar nicht überall herumliegen haben. Es wäre also eine echte Katastrophe, wenn das mit den liegenden Achten so wie gedacht klappen würde. Das Gehirn würde sich von einem genügsamen wendigen Flitzer in einen hungrigen Schwerlasttransporter verwandeln.

Übrigens werden der liegenden Acht weitere wunderbare Wirkungen zugeschrieben. Sie soll die Aufmerksamkeit verbessern, die Lesegeschwindigkeit erhöhen und das Schriftbild verschönern. Letzteres habe ich gerade mal angetestet. Hat leider nicht geklappt.

Zur Sprache bitte einmal links abbiegen (I).

[56] Skeide MA … (2016) The ontogeny of the cortical language network. Nature Reviews Neuroscience 17, 323–332. https://doi.org/10.1038/nrn.2016.23

Beweiskraft:

Rechtsraum.

[57] Cona G … (2019) Where is the "where" in the brain? … Human Brain Mapping 40, 1867–1886. https://doi.org/10.1002/hbm.24496

Beweiskraft:

Gehirne ohne Grenzen (I).

[58] Hawes Z … (2019) Neural underpinnings of numerical and spatial cognition … Neuroscience and Biobehavioral Reviews 103, 316–336. https://doi.org/10.1016/j.neubiorev.2019.05.007

Beweiskraft:

Gehirne ohne Grenzen (II).

[59] Fischer J … (2016) Functional neuroanatomy of intuitive physical inference. Proceedings of the National Academy of Sciences of the USA 113, E5072–E5081. https://doi.org/10.1073/pnas.1610344113

Beweiskraft:

Zur Sprache bitte einmal links abbiegen (II).

[60] Pujol J … (1999) Cerebral lateralization of language … Neurology 52, 1038–1043. https://doi.org/10.1212/wnl.52.5.1038

Beweiskraft:

Kreativität mit links?

[61] Zickert N … (2018) Fitness costs and benefits associated with hand preference … Evolution and Human Behavior 39, 235–248. https://doi.org/10.1016/j.evolhumbehav.2018.01.001

Beweiskraft:

Das ist Musik in meinen Hirnhälften.

[62] Kasdan AV … (2022) Identifying a brain network for musical rhythm … Neuroscience and Biobehavioral Reviews 136, 104588. https://doi.org/10.1016/j.neubiorev.2022.104588

Beweiskraft:

Komm mir nicht zu nah.

[63] Maynard SA … (2023) Quantifying postsynaptic receptor dynamics … Nature Reviews Neuroscience 24, 4–22. https://doi.org/10.1038/s41583-022-00647-9

Beweiskraft:

Kabelsalat.

[64] Rosen BQ … (2022) An estimation of the absolute number of axons … PLOS Biology 20, e3001575. https://doi.org/10.1371/journal.pbio.3001575

Beweiskraft:

11.

LERNTYPEN

Wie fuchsen Sie sich in die Funktionen Ihres neuen Smartphones ein?

(1) Ich bitte jemanden darum, mir die Funktionen zu erklären.
(2) Ich lese die Bedienungsanleitung.
(3) Ich probiere es einfach aus.

Was halten Sie von Lern-Hörbüchern?

(1) Ich bevorzuge Bücher.
(2) Ich lerne lieber durch Ausprobieren.
(3) Ich halte Hörbücher für eine sehr gute Lernhilfe.

...

Haben Sie die Antworten (1) und (3) ausgewählt? Dann behalten Sie Informationen vermutlich am besten, wenn Sie aufmerksam zuhören. Oder haben Sie sich für Antwort (2) und (1) entschieden? Dann merken Sie sich bestimmt Gesehenes besser. Oder lernen Sie am besten, wenn Sie es einfach *machen* (Antwort 3 und 2)?

Dass es solche und andere Lerntypen gibt, erscheint uns subjektiv als sehr sinnvoll. Eine zusammenfassende Auswertung[65] von Fragebögen legt nahe, dass neun von zehn Lehrkräften in 18 Ländern weltweit von dieser Vorstellung überzeugt sind (15.405 Befragte, Beweiskraft-Stufe 4/5). Ich gebe zu, dass ich mich spontan als Seh-Typ stereotypisiert habe.

Wenn ich tiefer in der Erinnerungskiste krame, zeigt sich aber, dass mich dieser erste Eindruck täuscht. Bei näherer Betrachtung habe ich schon in der Schule verschiedene Strategien angewendet, obwohl ich nie gelernt habe, »wie man lernt«. In Mathe würde ich meine damalige Strategie logische Intuition nennen. In Geschichte war es eine Art Nachahmungslernen, geschuldet einem sehr guten Lehrer auf Uni-Niveau. Heute ertappe ich mich dabei, dass ich mir selbst Fragen stelle, um herauszufinden, wie gut ich etwas verstanden habe. Ist das dann noch Typ 2 oder schon Typ 3? Oder beides? Oder weder noch?

Die ursprünglich angedachten drei Typen lassen wenig Spielraum. So überrascht es kaum, dass inzwischen mindestens zwölf Lerntypen im Angebot sind. Neben den drei Klassikern findet man zum Beispiel Tast-Typen, also Menschen, die besser lernen, wenn sie ein Bild nicht nur sehen, sondern nachzeichnen. Außerdem gibt es Wort-Typen, also Menschen, die am meisten lernen, indem sie über die Inhalte sprechen. Musik-Typen dagegen brauchen angeblich Melodien oder Rhythmen, um ihre Lern-Höchstform zu erreichen. Gruppen-Typen lernen am liebsten im Austausch mit anderen. Logik-Typen brauchen Knobelaufgaben, die sie in Ruhe durchdenken können. Im Wunschkonzert des Lernens bekommen auch Personen ihren Auftritt, die Informationen entweder nacheinander in Häppchen oder geballt in einem Gesamtpaket serviert bekommen möchten. Unterschieden wird sogar, ob man von direkten oder von indirekten Lernerfahrungen mehr mitnimmt, zum Beispiel, ob man ein Experiment selbst durchführt oder bei einem Experiment genau hinsieht. Hier ist also für alle etwas dabei.

Vor einiger Zeit hat eine angesehene Fachzeitschrift eine Fachkommission zu diesem Thema einberufen. Die hat in der Fachliteratur nachgesehen, ob sich solche Lerntypen überhaupt eindeutig unterscheiden lassen. Das wäre gegeben, wenn zum Beispiel eine Seh-Lern-Methode ausschließlich bei Seh-Typen bessere Testergebnisse bringt. In ihrem Bericht[66] stellt die Kommission fest: Die sorgfältigsten Untersuchungen finden keine eindeutigen Effekte (Beweiskraft-Stufe 3/5). Das bestätigt auch eine weitere unabhängige Auswertung[67]. Doppelt enttäuschend: Selbst wenn es Effekte gäbe, wären sie winzig klein und wahrscheinlich Zufallsprodukte (Beweiskraft-Stufe 3/5).

Zwei Biologen bekräftigen in ihrer Untersuchung[68]: Gäbe es Lerntypen, wäre es wahnsinning schwierig, das nachzuweisen, denn menschliches Lernen lässt sich nicht streng experimentell kontrollieren. Letztlich würden bei diesem Versuch verschiedene Typen durcheinandergeraten. Daraufhin bieten sie eine kecke Lösung an: genetische Lerntypen. Um das Problem zu umgehen, wechseln sie mal eben von Menschen zu Singvögeln, genauer gesagt zu Japanischen Mövchen. Im ersten Teil der Untersuchung haben die beiden heimlich einen Teil der Eier in den Nestern von Mövchen-Mamas vertauscht. Nach dem Schlüpfen war zu beobachten, dass es den jungen Singvögeln ein bisschen besser gelang, die Lieder ihres leiblichen Vaters nachzuahmen als die eines fremden Ziehvaters. Um auszuschließen, dass die Mövchen-Papas sich einfach mehr Zeit für das Unterrichten ihrer eigenen Brut genommen haben, gab es einen zweiten Teil der Untersuchung. Diesmal hatten die jungen Mövchen keinerlei Kontakt zu singenden Vätern, nur zu nicht singenden Müttern. Stattdessen bekamen sie verschiedene Lieder jeweils mit einem bestimmten Tempo vorgespielt. Dabei kam heraus: Die Minimövchen konnten dasjenige Lied am besten nachahmen, das dem Tempo ihres leiblichen Vaters am ehesten entsprach (Beweiskraft-Stufe 4/5).

Der genetische Lerntyp eines Menschen kann jedoch nicht so ohne Weiteres bestimmt werden wie beim Japanischen Mövchen. So landen wir wieder bei den eingangs erwähnten Lerntypen. Um sich aus der Affäre zu ziehen, wird in dieser Diskussion auch schon mal kräftig zurückgerudert.

Dann heißt es etwa: Selbst wenn Sie ein Seh-/Hör-/Was-auch-immer-Typ sind, lernen Sie effektiver, wenn Sie auch die anderen Sinneskanäle mit einbinden. Das erscheint jedoch widersprüchlich. Zumindest kann der Einfluss eines Typs ja dann doch nicht so groß sein.

Aber sei's drum. Spannend bleibt die Frage: Lerne ich effektiver, wenn ich nicht nur einen, sondern mehrere Sinneskanäle bespiele? »Kommt drauf an«, sagt eine Auswertung[69] von 29 Studien mit 1194 Kindern und 1312 Erwachsenen. Das klappe nur, wenn die Informationen aus den verschiedenen Kanälen zusammenpassen (Beweiskraft-Stufe 4/5). So mancher Tipp aus der fabelhaften Welt der Lern-Typen dürfte deshalb ins Leere gehen. So zum Beispiel eine Empfehlung für Einfach-Machen-Typen: Es helfe ihnen beim Lernen, wenn Sie ab und zu aufstünden und sich bewegten. Übrigens: Dabei ist der verstärkende Effekt passender gesehener und gehörter Information gerade bei Erwachsenen eher klein. Ob es etwas bringt, mehr als zwei Sinne einzuspannen, lässt sich in meinen Augen aktuell leider nicht gesichert sagen. Zu bedenken ist dabei: *Mehr* als zwei Sinne gleichzeitig zu füttern, ist ein ganz schöner Aufwand. Die zusätzliche Zeit für die Aufbereitung könnte man womöglich auch zum Beispiel intensiver sehend und hörend nutzen. Und käme am Ende vielleicht auf das gleiche Lernergebnis?

Warum erinnern wir uns etwas besser an Gelerntes, wenn wir es als Kombination *zweier* Sinneseindrücke serviert bekommen? Eine Untersuchung[70] am Gehirn der Fruchtfliege zeigt, wie das gehen könnte (Beweiskraft-Stufe 4/5). In ihrem Gehirn hat die Fruchtfliege Nervenzellen, die geruchsempfindlich sind, und andere Nervenzellen, die farbempfindlich sind. Logischerweise werden beide Zelltypen aktiviert, wenn die Fruchtfliege Farbe und Geruch gleichzeitig wahrnimmt. Diese gleichzeitige Stimulation wurde zunächst einige Male wiederholt. Anschließend wurde dann aber separat entweder nur eine Farbe gezeigt oder nur ein Geruch dargeboten. Dabei passierte etwas Erstaunliches: Plötzlich aktivierte Farbe oder plötzlich aktivierter Geruch allein aktivierte sowohl die Farb- als auch die Geruchszellen, so als wären Farbe und Geruch gleichzeitig da gewesen. Möglich machen das Nervenzellen, die zwischen die Farb- und Geruchszellen geschaltet sind. Diese Zellen öffnen nach einiger Zeit der kombinierten Sinneswahrnehmung eine Art Schleuse. Dadurch aktiviert ein Sinneseindruck den anderen gleich mit und die Erinnerung an das Wahrgenommene wird leichter zugänglich. Fehlen in einer Seh-Zelle Teile der Erinnerung, stehen die Chancen nicht schlecht, dass es in einer Riech-Zelle noch Ersatzteile gibt. So ist es wahrscheinlicher, dass die Erinnerung rekonstruiert werden kann.

Ich wurde schon mehrfach gefragt, ob man sich Handgeschriebenes besser merken kann als Computergeschriebenes. Diese Frage ist hier für uns relevant, weil beim händischen Schreiben ja auch zwei passende Sinneseindrücke zusammenkommen, nämlich das Gesehene und die Eindrücke aus feinmotorischen Bewegungen. Beim Tippen auf der Tastatur könnte es sein, dass diese Eindrücke ein Stück weit entkoppelt sind. In einer Untersuchung[71] zu dieser klassischen Frage wurden Studierende dazu aufgefordert, die Inhalte 15-minütiger Vorträge mitzuschreiben. Dazu erhielten sie entweder einen Computer (Laptop) oder Stift und Papier, unabhängig davon, welches Medium sie bevorzugten. Im Anschluss beantworteten sie zwei Arten von Fragen: Faktenfragen oder Verständnisfragen. Eine Faktenfrage lautete zum Beispiel: »Vor wie vielen Jahren existierte die Indus-Kultur?« Eine Verständnisfrage lautete etwa: »Wie unterscheiden sich Japan und Schweden in Bezug auf ihren Ansatz zur Durchsetzung von Chancengleichheit innerhalb der Gesellschaft?« Bei den Faktenfragen gab es keine Unterschiede zwischen den verschieden schreibenden Gruppen. Aber bei den Verständnisfragen lagen diejenigen vorn, die Stift und Papier zum Mitschreiben benutzt hatten. Allerdings haben sie aus Gründen der Schreibgeschwindigkeit deutlich weniger wörtlich mitgeschrieben als die Laptopper. Deswegen wurde die Untersuchung in einer anderen Gruppe wiederholt. Diesmal wurden die Laptopper darum gebeten, die Inhalte ebenfalls mit eigenen Worten mitzuschreiben. Aber auch dann blieb der Vorteil des Handschreibens bestehen. Und es geht noch weiter: Der Vorteil blieb auch dann noch, wenn die Studierenden vor dem Test zehn Minuten ihre Aufzeichnungen durchgehen durften. Die Computer-Gruppe profitierte also nicht davon, dass sie umfangreichere Aufzeichnungen anfertigen konnte als die Stift-Papier-Gruppe. Es sieht also ganz so aus, als würde man mehr behalten, wenn man handschriftliche Notizen macht, anstatt einen Computer zu verwenden. Die Effekte sind jedoch moderat und individuell recht unterschiedlich. Außerdem waren die Versuchspersonen nicht zufällig ausgewählt, sondern eine überschaubare Gruppe bemittelter Studierender an US-amerikanischen Privat-Universitäten (Beweiskraft-Stufe 3/5).

»Egal welcher Lerntyp Sie sind: Die beste Lernleistung erzielen Sie, wenn Sie sich den Lernstoff aktiv erarbeiten.« Diese Weisheit wurde zu meiner Studienzeit wiederholt verkündet. Allerdings gab es sehr unterschiedliche Vorstellungen davon, was aktives Lernen eigentlich sein soll. Für einige Lehrkörper war das eine Art Loci-Methode (siehe Kapitel 8). Andere hielten schon das Aufschreiben oder Erklären einer Theorie aus dem Gedächtnis für aktives Lernen. Wir haben es beim sogenannten »aktiven Lernen« also mit einem vieldeutigen Sammelbegriff zu tun. Da lohnt es sich eigentlich immer, genau nachzufragen, um welche Aktivität es überhaupt geht.

Das tun wir jetzt auch, indem wir eine viel beachtete Auswertung[72] unter die Lupe nehmen, die sich auf das Lernen an Universitäten konzentriert hat. Verglichen wurden hier die Prüfungsnoten von passiven gegenüber aktiven Studierenden. Passive Studierende bekamen die Kursinhalte von einer Lehrperson vorgetragen. Die aktiven Kurse dagegen umfassten klassische Methoden wie z.B. das Arbeiten mit Arbeitsblättern oder Übungen, aber auch so etwas wie Problemlösen in der Gruppe, Frage-Antwort-Spiele und praktische Workshops. Problemlösen in der Gruppe kann man sich vorstellen als Gruppen-Sachaufgabe. Frage-Antwort-Spiele basieren auf

Fragen einer Lehrperson, die Studierende unmittelbar per Knopfdruck beantworten können, um ihr Wissen zu überprüfen (mit Apps zum Beispiel). Ein praktischer Workshop wäre zum Beispiel angeleitetes Programmieren. Über 158 einzelne Untersuchungen hinweg erzielten die aktiven Studierenden im Durchschnitt tatsächlich etwas bessere Prüfungsnoten. Man kann sich diesen Effekt vorstellen wie einen Sprung von Note 2,3 auf 2,0 in Chemie oder wie einen Sprung von Note 2,0 auf 1,7 in Physik. Klein, aber immerhin (Beweiskraft-Stufe 4/5).

Bei aller Euphorie bleibt hier jedoch eine Reihe von Fragen offen. Zum Beispiel wäre es interessant, zu wissen, wie nachhaltig diese Veränderungen waren. Abgerechnet wird ja am Schluss. Schließen Lernende in aktiv gestalteten Kursen ihre Ausbildung am Ende insgesamt besser ab? Fraglich ist außerdem, ob beim aktiven Lernen »viel hilft viel« gilt oder nicht, denn die Unterschiede in der besprochenen Auswertung waren extrem. Aktives Lernen reichte von zehn Minuten Frage-Antwort-Spiel am Ende einer Vorlesung bis zu 100 Prozent rein praktischen Learning-by-Doing-Formaten. Wo genau liegt das Idealmaß? Nicht zuletzt finde ich es wichtig, herauszufinden, *wie* aktives Lernen den Unterschied macht. Hilft einem das Feedback? Gibt das anregende Umfeld einen Motivationsschub? Werden mehr Sinneseindrücke verknüpft? Strenge ich mich mehr an, wenn ich unter der Beobachtung einer Gruppe stehe? Habe ich mehr Spaß (Belohnung)? Werde ich emotional stärker angesprochen? Und und und … Davon abgesehen bin ich mir nicht ganz sicher, ob jeder Inhalt in eine Gruppenarbeit, in ein Frage-Antwort-Spiel oder in einen Workshop passt …

Klischees sind unkaputtbar.

[65] Newton PM … (2020) How common is belief in the learning styles neuromyth … Frontiers in Education 5. https://doi.org/10.3389/feduc.2020.602451

Beweiskraft: 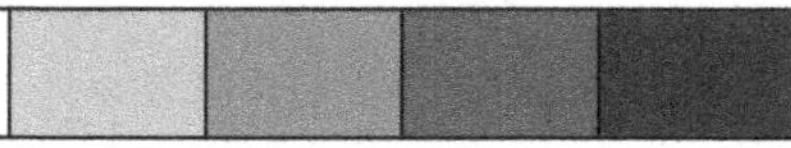

Lerntypen hatten ihre Chance (I).

[66] Pashler H … (2009) Learning styles. Concepts and evidence. Psychological Science in the Public Interest 9, 235–248. https://doi.org/10.1111/j.1539-6053.2009.01038.x

Beweiskraft: 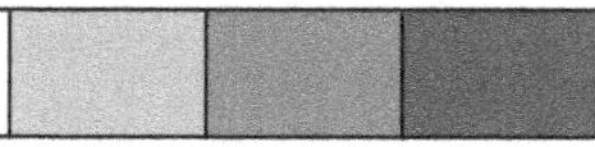

Lerntypen hatten ihre Chance (II).

[67] Aslaksen K … (2018) The modality-specific learning style hypothesis … Frontiers in Psychology 9. https://doi.org/10.3389/fpsyg.2018.01538

Beweiskraft: 

Lerntypen 2.0.

[68] Mets DG … (2019) Learning is enhanced by tailoring instruction to individual genetic differences. eLife 8, e47216. https://doi.org/10.7554/eLife.47216

Beweiskraft: 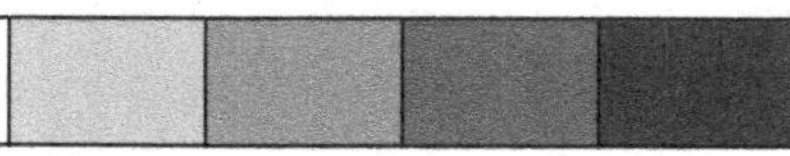

Nur wenns passt.

[69] Li J … (2023) Facilitation and interference effects … Psychological Research 87, 1334–1352. https://doi.org/10.1007/s00426-022-01733-4

Beweiskraft: 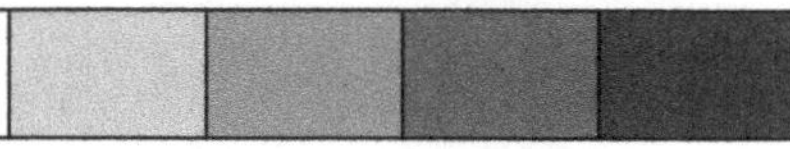

Grenzerfahrung.

[70] Okray Z … (2023) Multisensory learning binds neurons into a cross-modal memory engram. Nature 617, 777–784. https://doi.org/10.1038/s41586-023-06013-8

Beweiskraft: 

Wissen in Handarbeit.

[71] Mueller PA … (2014) The pen is mightier than the keyboard ... Psychological Science 25, 1159–1168. https://doi.org/10.1177/0956797614524581

Beweiskraft: 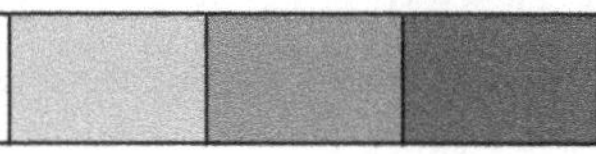

Aktivismus.

[72] Freeman S … (2014) Active learning increases student performance in science, engineering, and mathematics. Proceedings of the National Academy of Sciences of the USA 111, 8410–8415. https://doi.org/10.1073/pnas.1319030111

Beweiskraft: 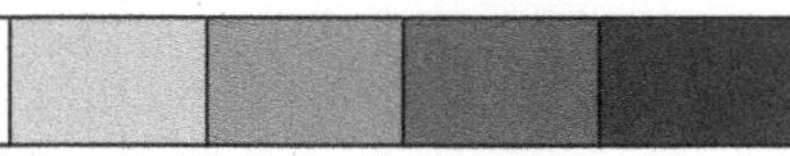

12.

FRAUEN- UND MÄNNERGEHIRNE

Jetzt geht es an uralte Geschlechterrollen aus der hintersten Mottenkiste und um die damit verbundenen Missverständnisse in Bezug auf die Lernfähigkeit des Menschen. Unser Aufhänger ist der Bestseller *Warum Männer nicht zuhören und Frauen schlecht einparken* aus dem späten vergangenen Jahrtausend. Hätte der Nobelpreisträger Wolfgang Pauli den Titel gelesen, hätte er womöglich mit seinem berühmten Ausspruch reagiert: »Das ist nicht nur nicht richtig, es ist nicht einmal falsch.« Ich stimme zu, denn bei näherer Betrachtung wird nicht einmal klar, was genau überhaupt gemeint sein soll. Warum Männer nicht zuhören, begründet das Buch unter anderem damit, dass sie das Multitasking weniger gut beherrschen als Frauen. Das ist allerdings eine Behauptung, die wissenschaftlich nie zweifelsfrei bestätigt werden konnte. Eine alltagsnah ausgerichtete Untersuchung[73] fand diesbezüglich keine Unterschiede zwischen Männern und Frauen. Dort hatten 66 Frauen und 82 Männer die Aufgabe, einen virtuellen Besprechungsraum vorzubereiten. Dabei mussten sie gleichzeitig mehrere Aufgaben im Blick behalten und exakt nach Anleitung ausführen: den Raum aufräumen, die Plätze der Gäste vorbereiten, Geräte einschalten, eingehende Anrufe entgegennehmen usw. Außerdem wurden Ablenker eingebaut – ein Stuhl fehlte zum Beispiel und musste telefonisch nachbestellt werden; oder es kam ein Anruf rein, dass sich ein Gast ein anderes Getränk wünschte. Im Durchschnitt meisterten Männer und Frauen diese Aufgaben vergleichbar gut oder schlecht. Beide benötigten ähnlich viel Zeit. Beide legten eine ähnlich lange Strecke im Raum zurück. Und beide Gruppen waren vergleichbar im Hinblick auf ihren Bildungsstand, ihren IQ und ihre Vertrautheit mit Computern. Punktabzug gibt es wegen der relativ kleinen Stichprobe, die sehr kleine Unterschiede verschleiern könnte, die dann allerdings praktisch kaum ins Gewicht fielen. Es müsste sich auch noch zeigen, ob über verschiedene Schwierigkeitsgrade hinweg keine Unterschiede bestehen. Hier gäbe es noch Spielraum, was zum Beispiel den Zeitdruck angeht (Beweiskraft-Stufe 3/5).

Im englischen Originaltitel heißt das Buch übersetzt übrigens *Warum Männer nicht zuhören und Frauen keine Karten lesen können*. Man nahm es mit der deutschen Übersetzung nicht so genau. So wurde Einparken mal eben durch Kartenlesen ausgetauscht. Jedenfalls ist, soweit mir bekannt, weder das eine noch das andere wissenschaftlich untersucht worden. Dessen ungeachtet wird in der Begründung davon ausgegangen, dass Frauen im räumlichen Denken gegenüber Männern das Nachsehen haben.

Räumliches Denken ist aber ein weites Feld. Und auf diesem weiten Feld gibt es nur eine Art von Tests, in denen männliche Versuchspersonen im Durchschnitt wirklich leicht die Nase vorn haben, nämlich Tests der sogenannten *mentalen Rotation* (Auswertung[74] auf Beweiskraft-Stufe 5/5). Der kleinste gemeinsame Nenner dieser Tests lässt sich so beschreiben: Man muss einen Gegenstand vor seinem geistigen Auge drehen, um ihn aus verschiedenen Blickwinkeln so schnell und genau wie möglich erkennen zu können. Häufig werden in diesen Tests zusammengesetzte Würfel-Gebilde verwendet.

Jetzt wollen wir natürlich wissen: Woher kommt dieser Unterschied zwischen Männern und Frauen? Wichtig ist hier der Blick auf die Entwicklung. Eine für mich entscheidende Frage lautet: Werden männliche Menschen mit diesem Vorteil geboren? Und die Antwort ist … Trommelwirbel … Nein. Eine Auswertung[74] von Untersuchungen mit mehr als 30.000 Kindern und Jugendlichen zeigt, dass der Unterschied in der frühen Kindheit zunächst klein ist. Am Ende der Pubertät ist er fast dreimal so groß, aber für sich genommen immer noch moderat und kein gewaltiger Unterschied (Beweiskraft-Stufe 5/5).

Warum fallen Mädchen im mentalen Rotieren überhaupt hinter Jungen zurück? Anhand einer kleinen Untersuchung[75] mit Zwillingen ist davon auszugehen, dass das stärker mit dem Umfeld als mit den Genen zusammenhängt (Beweiskraft-Stufe 3/5). Der Vergleich der Fähigkeiten ein- und zweieiiger Zwillinge macht es übrigens möglich, Umwelt- und Gen-Einflüsse zu schätzen – unter der Annahme, dass eineiige eine etwa 100-prozentige und zweieiige eine etwa 50-prozentige Übereinstimmung in ihrer DNA aufweisen. Erhalten Mädchen von ihrem Umfeld weniger Gelegenheiten, ihr räumliches Vorstellungsvermögen zu trainieren? Das könnte schon in der frühesten Kinderstube losgehen, zum Beispiel bei der Gestaltung des gemeinsamen Spielens. Und sich dann in den Bildungseinrichtungen fortsetzen. Das wäre schon möglich.

Auch der Einfluss der Macht negativer Vorurteile ist keineswegs ausgeschlossen. Dass eine Macht negativer Vorurteile denkbar ist, wissen wir aus einer Untersuchung[76], in der ein- und dieselbe räumliche Aufgabe unterschiedlich inszeniert wurde. Einmal als räumliche Männeraufgabe (»Darin sind Männer besser!«) und einmal als weibliche Einfühlungsaufgabe aus der Perspektive einer menschlichen Figur (»Darin sind Frauen besser!«). In der Tat lagen Frauen mit der weiblichen Variante häufiger richtig und der Unterschied zu den Männern verschwand. Woran lag das? Waren sie weniger eingeschüchtert? Motivierter? Oder weniger davon abgelenkt, den Ärger über das negative Vorurteil auszublenden? Das verrät uns die Untersuchung[76] nicht (Beweiskraft-Stufe 3/5).

Frauen sind in mathematischen, ingenieurs- und naturwissenschaftlichen und in technischen Bereichen noch immer in der Minderheit. Aber auch hier lässt sich wissenschaftlich begründet bezweifeln, dass das an ihren Fähigkeiten liegt. Uns hilft wieder der Blick auf die Entwicklung. Zu erwähnen ist hier eine Untersuchung[77] von 80 Babys im Alter von sechs Monaten. Diese Babys bekamen eine Reihe von Bildern mit Punkten gezeigt. Dabei blieb die Anzahl der Punkte entweder gleich oder wechselte. Mädchen und Jungen schauten sich längere Zeit die wechselnden Anzahlen an. Ihre Blickzeiten waren nahezu gleich. Erst später, im Alter von zwei bis fünf Jahren taten sich kleine Lücken auf. Mädchen konnten dann im Durchschnitt bis 23 zählen, Jungen dagegen bis 30. Eine weitere Aufgabe der zwei- bis fünfjährigen Kinder war, eine korrekte Anzahl von bis zu zehn Spielobjekten auszuwählen, die sie selbst durchzählen sollten. Mädchen schafften im Durchschnitt 5,26, Jungen 6,38. Allerdings waren diese kleinen Unterschiede statistisch nicht belastbar und damit eigentlich hinfällig. Bedauerlich ist, dass man nichts über den Hintergrund der Versuchspersonen erfährt. Zum Beispiel über das Bildungsniveau ihrer Elternhäuser oder über die Einstellungen und Erwartungen ihrer Eltern. Hinzu kommt, dass die Autorinnen zahlreiche aufschlussreiche Faktoren anbieten, die den Unterschied erklären könnten (unter anderem Entmutigung, Benachteiligung, Stereotypisierung von Mädchen), aber keinen getestet haben (Beweiskraft-Stufe 3/5). Wünschenswert wäre also weitere Forschung in diese Richtung.

Kehren wir zurück zum Raum. Statt der Entwicklungsgeschichte wird hier gern auch eine menschheitsgeschichtliche

Arbeitsteilung als Erklärung herangezogen: Männer waren über Jahrtausende hinweg unterwegs auf der Jagd. Da war eine gute räumliche Orientierung überlebenswichtig. Frauen dagegen sicherten im Schutz des trauten Heimes das Überleben der Kinder. Leider lässt sich nicht direkt beobachten, welche Rollenverteilung es wirklich gab. Die archäologische Schnitzeljagd geht also weiter. Oder man richtet den Blick auf indigene Gesellschaften, in denen Jagdtraditionen fortbestehen, die möglicherweise Jahrtausende alt sind. Das haben die Autorinnen einer Überblicksarbeit[78] getan. Sie haben Berichte mit Beobachtungen zu 63 verschiedenen Gesellschaften gesammelt. In diesen Berichten sah es so aus, dass in 50 von 63 Gesellschaften Frauen aktiv an der Jagd beteiligt waren. Allerdings lässt sich daraus kein vollständiges Gesamtbild aller Gesellschaften zeichnen. Und die Qualität der einzelnen Berichte scheint sehr variabel zu sein. Ein Bericht ist aus dem Jahr 1888 (Beweiskraft-Stufe 2/5).

Einen weiteren Gegenentwurf zur sogenannten klassischen Rollenverteilung zeichnen manche Untersuchungen mit Tieren, bei denen sich die Männchen um die Kinder kümmern. Die Logik: Wenn die Weibchen keine häuslichen Pflichten haben, sollten sie eigentlich auch viel herumkommen und eine vergleichbare räumliche Orientierung haben wie ihre Männchen. Überprüft wurde diese Vorhersage in einer Untersuchung[79] mit tropischen Pfeilgiftfröschen (*Allobates femoralis*). Die Frösche wurden 200 Meter von ihrem Zuhause entfernt ausgesetzt. Doch trotz der mütterlichen

Freiheit fand kein Weibchen den Weg zurück. Das gelang aber 75 Prozent der Männchen trotz ihrer Vaterrolle. Dabei durchforsteten sie eine 172 Prozent größere Fläche als die Weibchen. Was liegt diesem männlichen Hang zur Weite des Raumes zugrunde? Das Untersuchungsteam erklärt das mit dem Hormon Testosteron. Die Herren Pfeilgiftfrösche hatten im Durchschnitt mehr Testosteron. Und je stärker der Testo-Anstieg auf dem Nachhauseweg, desto größer war die Fläche, die sie ausgekundschaftet hatten. Doch ein Problem war dabei: Die Hormonwerte streuten stark. Manche Männchen hatten nur halb so viel Testosteron wie einige Weibchen. Und bei den Weibchen gab es große Ausreißer nach unten. Es ist also nicht sicher, wie verlässlich diese Werte sind. Eine Wiederholung der Messung wäre hilfreich gewesen. Skeptisch macht auch, dass der Effekt bei einer anderen Froschart nicht gefunden wurde (*Dendrobates tinctorius*), obwohl sich auch bei denen die Männchen um die Kinder kümmern (Beweiskraft-Stufe 2/5). Trotzdem finde ich diese Arbeit beeindruckend. Das Team war über vier Jahre hinweg in den Regenwäldern Französisch-Guayanas unterwegs gewesen, um den Fröschchen behutsam niedliche kleine Rucksäcke mit Sendern aufzusetzen.

Zugegeben, der Sprung vom Menschen zum Frosch ist groß. Deshalb springen wir jetzt zurück. Es gibt eine Untersuchung[80] zum Zusammenhang zwischen Testosteron und räumlichem Denken bei Frauen. Die weiblichen Versuchspersonen nahmen zunächst entweder 0,5 Milligramm Testosteron oder ein Placebo ein. Dann navigierten sie in einer virtuellen Umgebung zu bestimmten Zielorten, während sie im MRT lagen. Und anschließend wurden ihre Fähigkeiten zur mentalen Rotation getestet. Es stellte sich heraus: Die Frauen mit Testosteron hatten bessere Testergebnisse. Zudem war bei ihnen eine stärkere Hirnaktivierung beim Navigieren nachweisbar. Auch hier stehen wir allerdings wieder vor der Schwierigkeit, dass die tatsächliche Erhöhung der Hormonwerte trotz gleicher Dosis individuell extrem unterschiedlich war: Das ging von einem elffachen bis zu einem 97-fachen Anstieg. Hinzu kommt, dass die Hirnaktivierung recht klein und nur bedingt zuverlässig war. Die 21 Frauen pro Gruppe waren womöglich zahlenmäßig zu wenig (Beweiskraft-Stufe 2/5). Die Autor*innen zeigen uns jedoch eindrucksvoll, wie wenig wir darüber wissen, was Hormone mit unserem Navi im Kopf machen.

Wir halten fest: Frau-Mann-Unterschiede im räumlichen Denken sind höchstens moderat. Sie lassen sich größtenteils auf das Lernumfeld zurückführen. Spärliche Hinweise deuten an, dass vielleicht auch Hormone einen Beitrag leisten. Welche das sind – ungewiss. Eine Idee ist, dass Hormone quasi an den Antennen der Nervenzellen herumspielen. Je nach Hormonspiegel wäre das Signal dann klarer oder rauschiger und das möglicherweise in gewissen Rhythmen. Ob das stimmt? Das Gehirn bleibt geheimnisvoll. Also ab ins Labor!

Mann kann multitasken.

[73] Hirnstein M … (2019) No sex difference in an everyday multitasking paradigm. Psychological Research 81, 286–296. https://doi.org/10.1007/s00426-018-1045-0

Beweiskraft:

Die ganze Welt dreht sich um mich (I).

[74] Lauer JE … (2019) The development of gender differences in spatial reasoning … Psychological Bulletin 145, 537–565. https://doi.org/10.1037/bul0000191

Beweiskraft:

Die ganze Welt dreht sich um mich (II).

[75] Shakeshaft NG … (2016) Rotation is visualisation, 3D is 2D … Scientific Reports 6, 30545. https://doi.org/10.1038/srep30545

Beweiskraft:

Vorsicht, Vorurteil-Falle!

[76] Tarampi MR … (2019) A tale of two types of perspective taking … Psychological Science 27, 1507–1516. https://doi.org/10.1177/0956797616667459

Beweiskraft:

Frau kann Mathe.

[77] Kersey AJ … (2018) No intrinsic gender differences in children's earliest numerical abilities. Science of Learning 3, 12. https://doi.org/10.1038/s41539-018-0028-7

Beweiskraft:

Jägermeisterin.

[78] Anderson A … (2023) The myth of the man hunter … PLOS One 18, e0287101. https://doi.org/10.1371/journal. pone.0287101

Beweiskraft:

Fürsorgliche Pfeilgiftfrosch-Papas.

[79] Pašukonis A … (2022) Contrasting parental roles shape sex differences … eLife 11, e80483. https://doi.org/10.7554/eLife.80483

Beweiskraft:

Navi im Kopf.

[80] Pintzka CW … (2016) Changes in spatial cognition and brain activity after a single dose of testosterone … Behavioural Brain Research 298, 78–90. https://doi.org/10.1016/j.bbr.2015.10.056

Beweiskraft:

13.

ERKLÄRBÄRENFALLEN AUFSTELLEN

Zehn vermeintliche Erklärbären tapsen kleinlaut davon. Der erste wollte uns weismachen, wir könnten im Schlaf eine neue Sprache lernen. Der zweite sagte uns, wir seien zu alt zum Lernen. Der dritte versicherte uns, Sudoku würde unseren IQ verdoppeln. Der vierte behauptete: Viel graue Masse hilft viel. Der fünfte riet dazu, Babys bereits im Bauch zu unterrichten. Der sechste wollte die Festplatte in unserem Kopf erweitern. Der siebente verstrickte uns beim Kaffee beinahe in eine Dopingaffäre. Der achte hielt nur unsere linke Hälfte für vernünftig. Der neunte wies darauf hin, dass dieses Buch für Tast-Lerntypen nur bedingt geeignet sei. Der zehnte hatte die Erstausgabe von *Warum Männer nicht zuhören und Frauen schlecht einparken* dabei. Wir haben sie alle höflich von der Bühne begleitet.

Einige von Ihnen fragen sich an diesem Punkt vielleicht: »Gut zu wissen, was nicht funktioniert. Aber was hilft denn nun eigentlich meinem Gehirn beim Lernen?« Das erfahren Sie in den nächsten beiden Kapiteln. Zunächst möchte ich hier noch einmal für Sie zusammenfassen, auf welche Tricks der Erklärbären man leicht hereinfallen kann. Dieses Wissen erlaubt Ihnen sozusagen, Erklärbärenfallen aufzustellen.

1. **Eine Ursache unterstellen**
   Dass A und B miteinander zusammenhängen, bedeutet noch lange nicht, dass A eine Ursache von B ist und umgekehrt. Ein Beispiel: »Kinder, die ein Instrument spielen, sind gut in der Schule.« Häufig gibt es eine andere Ursache C. In diesem Fall könnte das sein: Gewissenhaftigkeit, Motivation, Vorwissen, das Umfeld, genetische Variation usw. Sie können davon ausgehen, dass nur wenige Untersuchungen die Kluft des Zusammenhangs zwischen Ursache und Wirkung überwinden.

2. **Von einer Gruppe auf eine Einzelperson schließen**
   Fast alle wissenschaftlichen Untersuchungen beziehen sich auf Gruppen von Menschen. Das hat damit zu tun, dass die meisten Effekte zu klein und zu wackelig sind, um sie in einer einzelnen Person einzufangen. Wenn man aber von dieser Gruppe auf sich selbst schließt, gerät man leider meistens auf den Holzweg. Denn zwischen einzelnen Menschen gibt es häufig überraschend große Unterschiede, die im Durchschnitt versteckt werden.

3. **Die Größe eines Effektes überschätzen**
   Wir Wissenschaffenden wollen die dicksten Kartoffeln ernten. Klar. Aber im echten Leben sind große Effekte eine echte Seltenheit. Zumindest wenn es um die Wirkung bestimmter (Lern-)Maßnahmen auf den Menschen geht. Beim Lesen des Buches ist Ihnen bestimmt aufgefallen: Die meisten Effekte sind eher klein. Gilt das auch für die von mir weiter unten angepriesene Bewegung? Das nächste Kapitel verrät es Ihnen.

4. **Die Nachhaltigkeit einer Wirkung nicht hinterfragen**
   Lernen wirkt. Aber wie lange? Langzeituntersuchungen dazu sind rar gesät. Sie sind zu aufwendig, zu teuer und wenig aussichtsreich, denn der Zahn der Zeit nagt auch am Lernen. Innerhalb von ein paar Monaten ist oft nichts mehr übrig vom schnellen Lernerfolg. Eine unbequeme Wahrheit ist: »Von wenig kommt nichts.« Die entscheidende Frage ist also weniger: »Was bringt das?« Sondern: »Was bringt das langfristig?«

Ist es nicht erstaunlich, wie wenig wir eigentlich darüber wissen, wie wir lernen und wie unser Gehirn funktioniert? Und wie schwierig es ist, das sicher herauszufinden? Keine wissenschaftliche Untersuchung ist makellos. Das werden wir auch in den abschließenden beiden Kapiteln erfahren. Lernmythen spiegeln vielleicht genau diesen Wunsch nach Einfachheit, Eindeutigkeit und Unveränderlichkeit wider. Diese

Sehnsucht, sich in die kuscheligen Arme des allwissenden Erklärbären fallen zu lassen. Aber jetzt gehören Sie ja zu den Eingeweihten. Also liegt die Latte, Sie zu überzeugen, nun deutlich höher. Lassen Sie sich keinen neuen Bären aufbinden – das geht schneller, als man denkt.

14.

IN BEWEGUNG BLEIBEN

Wenn wir uns in Lernstoff hüllen, tun wir das meistens sitzend. Bei Gelegenheit vielleicht auch entspannt liegend. Oder wir gehen langsam auf und ab. Im schnellen Lauf lässt sich das dagegen nicht so gut einrichten. Das hat natürlich zunächst erst einmal praktische Gründe. Aber auch der Kopf scheint unter körperlicher Anstrengung nicht ganz frei zu sein. Kein Problem, dann eben der Kopf und der Rest des Körpers der Reihe nach.

Wie wirkt sich nun Bewegung vor oder nach dem Lernen auf unsere Lernfähigkeiten aus? Hat sie überhaupt einen messbaren Einfluss? Schon immer hat es doch herausragende Köpfe gegeben, denen Bewegung vermutlich völlig egal war. Die von der Weltgesundheitsorganisation als Mindestmaß empfohlenen wöchentlichen 150 Minuten für körperliche Ausdaueraktivität von moderater Intensität haben sie womöglich bestenfalls ungewollt erreicht. Aber dieses Argument läuft ins Leere, denn auch die herausragenden Köpfe könnten Lernpotenzial verschenkt haben. Was wäre da bei ihnen vielleicht noch möglich gewesen!?

Einiges – behauptet eine Zusammenfassung[81] von 13 verschiedenen Untersuchungen junger Erwachsener. In den meisten Untersuchungen wurde erst einmal das Kurzzeitgedächtnis getestet, bevor körperliche Aktivität gefordert war. Dabei wurde zum Beispiel eine Liste von 15 Wörtern im Abstand von einer Sekunde vorgelesen. Dann bestand die Aufgabe darin, so viele Wörter wie möglich zu wiederholen, wobei die Reihenfolge der Wörter egal war. Anschließend sind die Versuchspersonen einmalig entweder schnellen Schrittes gegangen, gerannt oder auf dem Ergometer geradelt. Von einem zweiminütigen Sprint bis zum einstündigen Ausdauerlauf war alles dabei. Dementsprechend variierte auch die Intensität von moderat bis hoch. Nach dieser Trainingseinheit und einer fünfminütigen Pause wurde erneut der Kurzzeitgedächtnistest durchgeführt, diesmal mit anderen Wörtern. Tatsächlich konnten sich die Versuchspersonen nach dem Training offenbar mehr Wörter merken. Diese Wirkung hielt mindestens eine halbe Stunde an und war meist auch 24 Stunden später noch nachweisbar. Bei Kontrollgruppen, die sich zum Beispiel nur ein Video anschauten, blieb diese Wirkung aus. Wie groß dieser Effekt war, wird leider nicht berichtet. Darüber hinaus werden die einzelnen Untersuchungen nicht den allerhöchsten Standards verzerrungsfreier

Ergebnisse gerecht. Zum Beispiel wussten diejenigen, die die Daten ausgewertet hatten, welche Personen in welcher Gruppe waren. Außerdem können wir nicht außer Acht lassen, dass 13 Untersuchungen nicht gerade sonderlich viele sind (Beweiskraft-Stufe 2/5).

Mehr darüber, wie stark der Einfluss von Bewegung auf das Lernen sein könnte, erfahren wir in der vertrauenswürdigsten Zusammenfassung[82], die es meines Wissens bisher gibt (Beweiskraft-Stufe 4/5). Sie ist sozusagen die »Zusammenfassung aller Zusammenfassungen«. Das Besondere ist, dass diese Auswertung eine Gesamtaussage über viele verschiedene Arten körperlicher Betätigung über die gesamte Lebensspanne hinweg treffen kann. Und das tut sie auf einer vergleichsweise aussagekräftigen Grundlage von 109 einzelnen Untersuchungen. Heraus kommt ein kleiner Einfluss körperlicher Aktivität auf Lernleistungen. Die Autoren sprechen dabei zwei große Stolpersteine an. Zum einen können Zusammenfassungen ein verzerrtes Bild liefern – zum Beispiel, indem sie einzelne Untersuchungen absichtlich oder fahrlässig ausschließen. Um nicht über den letztgenannten Stein zu stolpern, listen die Autoren auf 21(!) Seiten sämtliche Untersuchungen auf, die sie aus guten Gründen nicht berücksichtigen konnten. Zum anderen sind zahlreiche einzelne Untersuchungen unzuverlässig, weil zu wenige Versuchspersonen zur Verfügung standen. Deshalb lässt sich noch nicht sicher sagen, ob der Einfluss von Bewegung auf das Lernen bisher unterschätzt oder aber überschätzt wurde.

Dennoch erscheint es in jedem Fall erstrebenswert, einem Bewegungsmangel entgegenzutreten und mobilitätseingeschränkten Menschen dabei zu helfen, ihren möglichen Bewegungsmangel auszugleichen. Es gibt zahlreiche Hinweise darauf, dass sich moderate körperliche Aktivität begünstigend auf die körperliche, geistige und psychische Gesundheit auswirkt (Übersichtsarbeit[83] auf Beweiskraft-Stufe 4/5). Neben der Lebensqualität, zum Beispiel der Schlafqualität, stehen auch Herz-Kreislauf-Erkrankungen und Stoffwechselerkrankungen sowie Krebserkrankungen im Raum beziehungsweise im Forschungslabor. Wer sich mit Bewegung fit hält, hat also bessere Chancen, seine Lernfähigkeiten zumindest zu erhalten. Somit ist Bewegung mindestens indirekte Lernförderung. Moderate Bewegung ist in ihrer Intensität übrigens nicht zu unterschätzen. Beim Spazierengehen zum Beispiel lässt sich dieses Level nicht immer ohne Weiteres erreichen.

Wie könnte es funktionieren, dass körperliche Aktivität einen begünstigenden Einfluss auf die Lernfähigkeit ausübt? Dieser Frage widmete sich eine viel beachtete Untersuchung[84] mit 70 erwachsenen Mäusen. Sie wurden in fünf verschiedene Gruppen zu je 14 Exemplaren aufgeteilt, wobei nicht berichtet ist, ob die Zuteilung zufällig erfolgte. Gruppe 1 wurde in Käfige mit einem Laufrad gesteckt und durfte dort freiwillig nach Lust und Laune laufen. Gruppe 2 wurde in ein Wasserbecken gelegt, um dort zu schwimmen. Gruppe 3 wurde im sogenannten Morris-Wasserlabyrinth trainiert. Das Morris-Wasserlabyrinth ist eigentlich kein Labyrinth, sondern ein rundes Becken mit trübem Wasser. Am Beckenrand werden Markierungen angebracht, um Hinweisreize zu geben. Die Mäuse üben darin, selbstständig eine nicht einsehbare Plattform unter der Wasseroberfläche zu finden und sich deren räumliche Position zu merken. Gruppe 4 wurde in einem vergrößerten Käfig mit variablen Tunneln, Laufrädern und Spielzeugen gehalten. Gruppe 5 dagegen musste sich mit einem kleinen Standard-Käfig begnügen. Alle lebten in einer 3er- oder 4er-WG in Kalifornien.

In den ersten knapp zwei Wochen der Untersuchung bekamen alle Tiere Bromdesoxyuridin verabreicht. Bromdesoxyuridin wird bei der Neubildung von Zellen mit in deren DNA eingeschleust. Damit konnten anschließend diejenigen Nerven-Vorläuferzellen markiert werden, die sich in diesem Zeitraum neu gebildet hatten. Überraschenderweise war die Anzahl dieser Vorläuferzellen nur in der Laufrad-Freiwilligengruppe gegenüber den anderen Gruppen erhöht. Das Training im Morris-Wasserlabyrinth hatte dagegen offenbar keinen Effekt. Die Streuung der Werte in den einzelnen Gruppen sieht beim Blick in das Diagramm sehr unterschiedlich aus. Es bleibt zu hoffen, dass dieser Unterschied überprüft wurde (ist nicht berichtet). Sonst wäre die Berechnung des Vergleichs leider nicht korrekt und meine hohe Bewertung (Beweiskraft-Stufe 4/5) müsste nach unten korrigiert werden.

Weitere vier Wochen später wurde dann überprüft, wie viele Vorläuferzellen überlebt hatten. Dabei stellte sich heraus, dass die Läuferinnen und die Labyrinth-Schwimmerinnen etwa doppelt so viele neue Zellen gebildet hatten wie die anderen Gruppen. Diesmal lagen die Labyrinth-Schwimmerinnen leicht vor den Läuferinnen. In beiden Gruppen entwickelten sich auch deutlich mehr Vorläuferzellen zu Nervenzellen weiter. Diese Vorgänge konnten im Hippocampus des Mausgehirns beobachtet werden. Der Hippocampus spielt bei Menschen und anderen Säugetieren unter anderem eine wichtige Rolle bei der Sortierung von Lerninhalten im Gedächtnis (Untersuchung[85] auf Beweiskraft-Stufe 5/5). Deshalb vermuteten die Autorin und ihre beiden Kollegen, dass die Nervenzellneubildung im Zuge des täglichen Laufens und Schwimmens möglicherweise die Speicherkapazität des Hippocampus erhöhen könnte. Die Gültigkeit dieses Rückschlusses zumindest für räumliches Lernen wurde in einer späteren Untersuchung[86] überprüft, bleibt aber zu bestätigen (Beweiskraft-Stufe 3/5). Außerdem sind wir uns bewusst, dass zwischen einem Mausgehirn und einem Menschengehirn einige Jahrmillionen evolutionärer Entwicklung liegen. Ein Umbau des heimischen Pools in ein Morris-Wasserlabyrinth ist also (vorerst) nicht nötig.

(Denk)Sport (I).

[81] Blomstrand P … (2021) Effects of a single exercise workout … Translational Sports Medicine 4, 115–127. https://doi.org/10.1002/tsm2.190

Beweiskraft:

(Denk)Sport (II).

[82] Ciria LF … (2023) An umbrella review of randomized control trials on the effects of physical exercise on cognition. Nature Human Behaviour 7, 928–941. https://doi.org/10.1038/s41562-023-01554-4

Beweiskraft:

Keine Bewegung!

[83] Ding D … (2020) Physical activity guidelines 2020 … The Lancet 396, 1780–1782. https://doi.org/10.1016/S0140-6736(20)32229-7

Beweiskraft:

Lass mich laufen (I).

[84] van Praag H … (1999) Running increases cell proliferation … Nature Neuroscience 2, 266–270. https://doi.org/10.1038/6368

Beweiskraft:

Seepferdchen sortiert.

[85] Courellis H … (2024) Abstract representations emerge … Nature 632, 841–849. https://doi.org/10.1038/s41586-024-07799-x

Beweiskraft:

Lass mich laufen (II).

[86] van Praag H … (1999) Running enhances neurogenesis … Proceedings of the National Academy of Sciences of the USA 96, 13427–13431. https://doi.org/10.1073/pnas.96.23.13427

Beweiskraft:

15.

NEUGIER NACHGEBEN

Kennen Sie die »Wissen-ist-Macht-Hypothese«? Sie besagt, dass Lernerfolge umso größer ausfallen, je mehr man schon über das Thema weiß. Seit den 1960er-Jahren hat diese Annahme ganze Generationen in der Bildungsforschung beeinflusst. Viele verschiedene Studien haben sie mittlerweile auf den Prüfstand gestellt.

Eine große Zusammenfassung[87] von 493 einzelnen Untersuchungen zeigt uns, dass es entscheidend darauf ankommt, was man unter Lern*erfolg* versteht (Beweiskraft-Stufe 4/5). In der Tat ist es richtig, dass das Vorwissen einen Großteil des Nachherwissens erklärt, genauer gesagt etwa knapp 30 Prozent. Aber überraschenderweise erklärt das Vorwissen *nicht*, wie groß der Lern*zuwachs* ist. Das bedeutet, Menschen mit viel Vorwissen haben im Durchschnitt (nicht im Einzelfall) eine ähnlich steile Lernkurve wie Menschen mit weniger Vorwissen. Ihren vermeintlichen Lernerfolg verdanken sie also oft lediglich der Tatsache, dass sie auf einem höheren Level gestartet sind. Dieses Phänomen wird schon in frühester Kindheit beobachtet. Das ist ein Grund, warum wir in meinem eigenen Forschungslabor besonders daran interessiert sind, herauszufinden, wie Wissensunterschiede bereits in den ersten Lebensmonaten entstehen.

Doch was bringt Vorwissen, wenn es das Lernvermögen an sich nicht steigern kann? Eine mögliche Antwort ist, dass Vorwissen zu einem Schneeballeffekt führt: »Zwar weiß ich viel, doch möcht' ich alles wissen.« (Goethe, Faust I) Fausts Assistent und Schüler Wagner motivierte dabei wohl in erster Linie die Aussicht auf Ansehen und Einfluss. Eine andere Triebfeder könnte Neugier sein.

Die Macht der Neugier unterstreicht eine Untersuchung[88], in der Studierende darum gebeten wurden, 50 Quizfragen schriftlich zu beantworten. Zum Beispiel: »Welches Instrument wurde erfunden, um menschlichen Gesang nachzubilden?« Oder: »Zu welcher Galaxie gehört die Erde?« Die Versuchspersonen sollten die Fragen stillschweigend beantworten, einschätzen, wie stark sie von der Richtigkeit ihrer Antwort überzeugt waren (0 bis 100 Prozent), und auf einer Skala von 1 bis 7 angeben, wie neugierig sie waren, die richtige Antwort zu erfahren. Am wenigsten neugierig waren sie, wenn sie absolut keine Ahnung hatten oder wenn sie sich sehr sicher waren, die richtige Antwort zu kennen. Am neugierigsten waren sie, wenn sie sich zwar nicht völlig ahnungslos, aber auch nicht sonderlich sicher fühlten. Unter diesen Umständen war ihre Neugier, die Antwort zu erfahren, so groß, dass sie sogar die Bereitschaft zeigten, für die Informationen zu zahlen oder länger auf die richtige Antwort zu warten. Das taten sie, obwohl die Neugier nach dem Ausfüllen des Fragebogens kostenlos hätte gestillt werden können.

In einem weiteren Schritt wollte das Team herausfinden, ob die Neugier der Versuchspersonen auch in einem Zusammenhang mit ihren Lernergebnissen stand. Dazu baten sie die Studierenden, nach circa zwei Wochen noch einmal für eine zweite Sitzung ins Labor zu kommen. In dieser zweiten Sitzung wurden ihnen dieselben Fragen vorgelegt wie in der ersten Sitzung. Diesmal bestand die Aufgabe darin, sich an die richtigen Antworten zu erinnern. Zusätzlich zu den 15 Dollar für die Teilnahme wurden für jede richtige Antwort 25 Cent Belohnung ausgelobt. Heraus kam: Je größer in der ersten Sitzung die Neugier war, die richtige Antwort auf diejenigen Fragen zu erfahren, die sie in der ersten Sitzung zunächst falsch geraten hatten, desto häufiger erinnerten sie sich in der zweiten Sitzung an die richtige Antwort. Leider waren nur zwölf Studierende der erneuten Einladung gefolgt. Deshalb besteht die Gefahr, dass der berichtete große Effekt der Neugier eventuell überschätzt wurde. Nicht nachvollziehbar erscheint außerdem, warum die ursprünglich siebenstufige Skala der Neugier auf eine dreistufige Skala heruntergebrochen wurde. Das könnte zu einer *Unter*schätzung der Streuung der Messwerte und zur *Über*schätzung der Effektgröße führen (Beweiskraft-Stufe 3/5).

Mehr Power hatte eine spätere Untersuchung[89], in der überprüft wurde, ob sich der lernfördernde Effekt der Neugier auch im höheren Alter nachweisen lässt. Bevor es ins Labor ging, hatte das Team hier zunächst einmal berechnet, wie viele Versuchspersonen sie überhaupt brauchten, um den Neugier-Effekt aus der vorangegangenen Untersuchung[88] zu bestätigen. Dabei gingen sie aber realistischerweise von einem viel kleineren, bestenfalls mittelgroßen Effekt aus. Dafür gibt es Lob. Am Ende gingen 31 junge Erwachsene (19 bis 23 Jahre) und 31 ältere Erwachsene (65 bis 89 Jahre) in die Auswertung ein. Der Versuchsaufbau war so gestaltet, dass die teilnehmenden Personen am Computer zunächst eine Quizfrage und danach ein Gesicht zu sehen bekamen. Ihre Aufgabe bestand zuerst darin, stillschweigend einzuschätzen, ob die dargestellte Person die richtige Antwort kennen würde. Im Anschluss gaben sie auf einer Skala per Tastendruck an, wie neugierig sie selbst waren, die richtige Antwort zu erfahren. Danach erschien schließlich die richtige Antwort auf dem Bildschirm, und die Versuchspersonen signalisierten, ob sie die Antwort gewusst hatten oder nicht. Eine Frage war zum Beispiel »Welcher Fußballverein ist der älteste Londons?« Hätten Sie es gewusst? Ich nicht. Ich hätte *West Ham United* geraten. Aber es ist *Fulham FC.*

Am Ende jedenfalls wurden die Personen damit überrascht, dass es noch weitergehen würde. Nach ein paar Minuten bekamen sie wieder diejenigen insgesamt 100 Gesichter zu sehen, die sie zuvor schon gesehen hatten. Ergänzt wurde dieses Set aber durch 44 unbekannte Gesichter. Per Tastendruck sollten die Personen anzeigen, ob sie das Gesicht zuvor schon gesehen hatten oder nicht. Zu guter Letzt bekamen sie eine Liste mit allen 100 Quizfragen aus der ersten Runde in zufälliger Reihenfolge und sollten alle Antworten aufschreiben, die sie sich in der ersten Runde gemerkt hatten.

Bei der Auswertung der Daten bestätigte sich die Annahme, dass sich die Personen die Quizfragen (und die nachfolgenden Gesichter) am besten merken konnten, auf deren richtige Antwort sie am neugierigsten waren. Das Alter spielte dabei keine Rolle. Der Quizfragen-Lerneffekt wurde sogar in einer weiteren unabhängigen Stichprobe bestätigt, und zwar jeweils mit großer Effektstärke. Diese Berechnungen lassen die nötige handwerkliche Sorgfalt klar erkennen. Also gibt es Sonderlob (Beweiskraft-Stufe 5/5).

Hier ist also das Happy Ending: Ihre Neugier kann Ihnen bis ins hohe Alter dabei helfen, Ihre Lernfähigkeit anzukurbeln. Also: Bleiben Sie ein Leben lang neugierig auf Wissen! Und bitte stecken Sie andere mit Ihrer Neugier an!

Wissen ist Macht.

[87] Simonsmeier BA … (2022) Domain-specific prior knowledge … Educational Psychologist 57, 31–54. https://doi.org/10.1080/00461520.2021.1939700

Beweiskraft:

Zwar weiß ich viel, doch möcht' ich alles wissen.

[88] Kang MJ … (2009) The wick in the candle of learning ... Psychological Science 20, 963–973. https://doi.org/10.1111/j.1467-9280.2009.02402.x

Beweiskraft:

Für immer neugierig.

[89] Galli G … (2018) Learning facts during aging … Experimental Aging Research 44, 311–328. https://doi.org/10.1080/0361073X.2018.1477355

Beweiskraft:

QUELLEN

1. Dang-Vu, T. T., McKinney, S. M., Buxton, O. M., Solet, J. M., & Ellenbogen, J. M. (2010). Spontaneous brain rhythms predict sleep stability in the face of noise. *Current Biology*, 20 (15), R626–R627. https://doi.org/10.1016/j.cub.2010.06.032

2. Süddeutsche Zeitung. (2010). Schlafen trotz Lärm. Gute Nacht, Gehirn. https://www.sueddeutsche.de/leben/schlafen-trotz-laerm-gutenacht-gehirn-1.51092 (aufgerufen am 26.02.2025)

3. Czisch, M., Wehrle, R., Stiegler, A., Peters, H., Andrade, K., Holsboer, F., & Sämann, P. G. (2009). Acoustic oddball during NREM sleep: a combined EEG/fMRI study. *PloS One*, 4 (8), e6749. https://doi.org/10.1371/journal.pone.0006749

4. Newbury, C. R., Crowley, R., Rastle, K., & Tamminen, J. (2021). Sleep deprivation and memory: Meta-analytic reviews of studies on sleep deprivation before and after learning. *Psychological Bulletin*, 147 (11), 1215–1240. https://doi.org/10.1037/bul0000348

5. Girardeau, G., & Lopes-Dos-Santos, V. (2021). Brain neural patterns and the memory function of sleep. *Science*, 374 (6567), 560–564. https://doi.org/10.1126/science.abi8370

6. Andrillon, T., Poulsen, A. T., Hansen, L. K., Léger, D., & Kouider, S. (2016). Neural Markers of responsiveness to the environment in human sleep. *The Journal of Neuroscience*, 36 (24), 6583–6596. https://doi.org/10.1523/JNEUROSCI.0902-16.2016

7. Berres, S., & Erdfelder, E. (2021). The sleep benefit in episodic memory: An integrative review and a meta-analysis. *Psychological Bulletin*, 147 (12), 1309–1353. https://doi.org/10.1037/bul0000350

8. Roenneberg, T., Kuehnle, T., Pramstaller, P. P., Ricken, J., Havel, M., Guth, A., & Merrow, M. (2004). A marker for the end of adolescence. *Current Biology*, 14 (24), R1038–R1039. https://doi.org/10.1016/j.cub.2004.11.039

9. Roenneberg, T., Kuehnle, T., Juda, M., Kantermann, T., Allebrandt, K., Gordijn, M., & Merrow, M. (2007). Epidemiology of the human circadian clock. *Sleep Medicine Reviews*, 11 (6), 429–438. https://doi.org/10.1016/j.smrv.2007.07.005

10. Rodríguez Ferrante, G., Goldin, A. P., Sigman, M., & Leone, M. J. (2023). A better alignment between chronotype and school timing is associated with lower grade retention in adolescents. *Science of Learning*, 8 (1), 21. https://doi.org/10.1038/s41539-023-00171-0

11. Pascalis, O., de Haan, M., & Nelson, C. A. (2002). Is face processing species-specific during the first year of life? *Science*, 296 (5571), 1321–1323. https://doi.org/10.1126/science.1070223

12. Werker, J. F., & Tees, R. C. (1984). Cross-language speech perception: Evidence for perceptual reorganization during the first year of life. *Infant Behavior & Development*, 7 (1), 49–63. https://doi.org/10.1016/S0163-6383(84)80022-3

13. Paap, K. R., Johnson, H. A., & Sawi, O. (2015). Bilingual advantages in executive functioning either do not exist or are restricted to very specific and undetermined circumstances. *Cortex*, 69, 265–278. https://doi.org/10.1016/j.cortex.2015.04.014

14. Sangrigoli, S., Pallier, C., Argenti, A. M., Ventureyra, V. A., & de Schonen, S. (2005). Reversibility of the other-race effect in face recognition during childhood. *Psychological Science*, 16 (6), 440–444. https://doi.org/10.1111/j.0956-7976.2005.01554.x

15. Verhaeghen P. (2003). Aging and vocabulary scores: a meta-analysis. *Psychology and Aging*, 18 (2), 332–339. https://doi.org/10.1037/0882-7974.18.2.332

16. Takesian, A. E., Bogart, L. J., Lichtman, J. W., & Hensch, T. K. (2018). Inhibitory circuit gating of auditory critical-period plasticity. *Nature Neuroscience*, 21 (2), 218–227. https://doi.org/10.1038/s41593-017-0064-2

17. Owen, A. M., Hampshire, A., Grahn, J. A., Stenton, R., Dajani, S., Burns, A. S., Howard, R. J., & Ballard, C. G. (2010). Putting brain training to the test. *Nature*, 465 (7299), 775–778. https://doi.org/10.1038/nature09042

18. Bailey, D. H., Duncan, G. J., Cunha, F., Foorman, B. R., & Yeager, D. S. (2020). Persistence and fade-out of educational intervention effects: Mechanisms and potential solutions. *Psychological Science in the Public Interest*, 21 (2), 55–97. https://doi.org/10.1177/1529100620915848

19. Ritchie, S. J., & Tucker-Drob, E. M. (2018). How much does education improve intelligence? A meta-analysis. *Psychological Science*, 29 (8), 1358–1369. https://doi.org/10.1177/0956797618774253

20. Livingston, G., Huntley, J., Sommerlad, A., Ames, D., Ballard, C., Banerjee, S., Brayne, C., Burns, A., Cohen-Mansfield, J., Cooper, C., Costafreda, S. G., Dias, A., Fox, N., Gitlin, L. N., Howard, R., Kales, H. C., Kivimäki, M., Larson, E. B., Ogunniyi, A., Orgeta, V., … Mukadam, N. (2020). Dementia prevention, intervention, and care: 2020 report of the Lancet Commission. *Lancet*, 396 (10248), 413–446. https://doi.org/10.1016/S0140-6736(20)30367-6

21. Plotnik, J. M., Lair, R., Suphachoksahakun, W., & de Waal, F. B. (2011). Elephants know when they need a helping trunk in a cooperative task. *Proceedings of the National Academy of Sciences of the United States of America*, 108 (12), 5116–5121. https://doi.org/10.1073/pnas.1101765108

22. Azevedo, F. A., Carvalho, L. R., Grinberg, L. T., Farfel, J. M., Ferretti, R. E., Leite, R. E., Jacob Filho, W., Lent, R., & Herculano-Houzel, S. (2009). Equal numbers of neuronal and nonneuronal cells make the human brain an isometrically scaled-up primate brain. *The Journal of Comparative Neurology*, 513 (5), 532–541. https://doi.org/10.1002/cne.21974

23. Herculano-Houzel, S., Avelino-de-Souza, K., Neves, K., Porfírio, J., Messeder, D., Mattos Feijó, L., Maldonado, J., & Manger, P. R. (2014). The elephant brain in numbers. *Frontiers in Neuroanatomy*, 8, 46. https://doi.org/10.3389/fnana.2014.00046

24. Inoue, S., & Matsuzawa, T. (2007). Working memory of numerals in chimpanzees. *Current Biology*, 17 (23), R1004–R1005. https://doi.org/10.1016/j.cub.2007.10.027

25. Olkowicz, S., Kocourek, M., Lučan, R. K., Porteš, M., Fitch, W. T., Herculano-Houzel, S., & Němec, P. (2016). Birds have primate-like numbers of neurons in the forebrain. *Proceedings of the National Academy of Sciences of the United States of America*, 113 (26), 7255–7260. https://doi.org/10.1073/pnas.1517131113

26. Gentner, T. Q., Fenn, K. M., Margoliash, D., & Nusbaum, H. C. (2006). Recursive syntactic pattern learning by songbirds. *Nature*, 440 (7088), 1204–1207. https://doi.org/10.1038/nature04675

27. Berg, J., Sorensen, S. A., Ting, J. T., Miller, J. A., Chartrand, T., Buchin, A., Bakken, T. E., Budzillo, A., Dee, N., Ding, S. L., Gouwens, N. W., Hodge, R. D., Kalmbach, B., Lee, C., Lee, B. R., Alfiler, L., Baker, K., Barkan, E., Beller, A., Berry, K., … Lein, E. S. (2021). Human neocortical expansion involves glutamatergic neuron diversification. *Nature*, 598 (7879), 151–158. https://doi.org/10.1038/s41586-021-03813-8

28. Mahmoudzadeh, M., Dehaene-Lambertz, G., Fournier, M., Kongolo, G., Goudjil, S., Dubois, J., Grebe, R., & Wallois, F. (2013). Syllabic discrimination in premature human infants prior to complete formation of cortical layers. *Proceedings of the National Academy of Sciences of the United States of America*, 110 (12), 4846–4851. https://doi.org/10.1073/pnas.1212220110

29. Partanen, E., Kujala, T., Näätänen, R., Liitola, A., Sambeth, A., & Huotilainen, M. (2013). Learning-induced neural plasticity of speech processing before birth. *Proceedings of the National Academy of Sciences of the United States of America*, 110 (37), 15145–15150. https://doi.org/10.1073/pnas.1302159110

30. UNICEF. (n.d.). How music affects your baby's brain. https://www.unicef.org/parenting/child-development/how-music-affects-your-babys-brain-class (aufgerufen am 26.02.2025)

31. Arya, R., Chansoria, M., Konanki, R., & Tiwari, D. K. (2012). Maternal music exposure during pregnancy influences neonatal behaviour: An open-label randomized controlled trial. *International Journal of Pediatrics*, 901812. https://doi.org/10.1155/2012/901812

32. Sheikhi, S., & Saboory, E. (2015). Neuroplasticity changes of rat brain by musical stimuli during fetal period. *Cell Journal*, 16 (4), 448–455. https://doi.org/10.22074/cellj.2015.490

33. Moreno, S., Bialystok, E., Barac, R., Schellenberg, E. G., Cepeda, N. J., & Chau, T. (2011). Short-term music training enhances verbal intelligence and executive function. *Psychological Science*, 22 (11), 1425–1433. https://doi.org/10.1177/0956797611416999

34. Cogo-Moreira, H., Brandão de Ávila, C. R., Ploubidis, G. B., & Mari, J.deJ. (2013). Effectiveness of music education for the improvement of reading skills and academic achievement in young poor readers: a pragmatic cluster-randomized, controlled clinical trial. *PloS One*, 8 (3), e59984. https://doi.org/10.1371/journal.pone.0059984

35. Roberts, M. Y., Curtis, P. R., Sone, B. J., & Hampton, L. H. (2019). Association of parent training with child language development: A systematic review and meta-analysis. *JAMA Pediatrics*, 173 (7), 671–680. https://doi.org/10.1001/jamapediatrics.2019.1197

36. Bang, H. J., Li, L., & Flynn, K. (2023). Efficacy of an adaptive game-based math learning app to support personalized learning and improve early elementary school students' learning. *Early Childhood Education Journal*, 51 (4), 717–732. https://doi.org/10.1007/s10643-022-01332-3

37. Bleses, D., Dale, P. S., Justice, L., Højen, A., Vind, B. D., & Jiang, H. (2021). Sustained effects of an early childhood language and literacy intervention through second grade: Longitudinal findings of the SPELL trial in Denmark. *PloS One*, 16 (10), e0258287. https://doi.org/10.1371/journal.pone.0258287

38. Raichle, M. E., MacLeod, A. M., Snyder, A. Z., Powers, W. J., Gusnard, D. A., & Shulman, G. L. (2001). A default mode of brain function. *Proceedings of the National Academy of Sciences of the United States of America*, 98 (2), 676–682. https://doi.org/10.1073/pnas.98.2.676

39. Lucas K. (1909). The "all or none" contraction of the amphibian skeletal muscle fibre. *The Journal of Physiology*, 38 (2–3), 113–133. https://doi.org/10.1113/jphysiol.1909.sp001298

40. Jun, J. J., Steinmetz, N. A., Siegle, J. H., Denman, D. J., Bauza, M., Barbarits, B., Lee, A. K., Anastassiou, C. A., Andrei, A., Aydın, Ç., Barbic, M., Blanche, T. J., Bonin, V., Couto, J., Dutta, B., Gratiy, S. L., Gutnisky, D. A., Häusser, M., Karsh, B., Ledochowitsch, P., … Harris, T. D. (2017). Fully integrated silicon probes for high-density recording of neural activity. *Nature*, 551 (7679), 232–236. https://doi.org/10.1038/nature24636

41. Levy, W. B., & Calvert, V. G. (2021). Communication consumes 35 times more energy than computation in the human cortex, but both costs are needed to predict synapse number. *Proceedings of the National Academy of Sciences of the United States of America*, 118 (18), e2008173118. https://doi.org/10.1073/pnas.2008173118

42. Wagner, I. C., Konrad, B. N., Schuster, P., Weisig, S., Repantis, D., Ohla, K., Kühn, S., Fernández, G., Steiger, A., Lamm, C., Czisch, M., & Dresler, M. (2021). Durable memories and efficient neural coding through mnemonic training using the method of loci. *Science Advances*, 7 (10), eabc7606. https://doi.org/10.1126/sciadv.abc7606

43. Nelson, D. L., & Archer, C. S. (1972). The first letter mnemonic. *Journal of Educational Psychology*, 63 (5), 482–486. https://doi.org/10.1037/h0033131

44. Neukirchen, T., Radach, R., & Vorstius, C. (2022). Cognitive glucose sensitivity-proposing a link between cognitive performance and reliance on external glucose uptake. *Nutrition & Diabetes*, 12 (1), 10. https://doi.org/10.1038/s41387-022-00191-6

45. Pinar-Martí, A., Gignac, F., Fernández-Barrés, S., Romaguera, D., Sala-Vila, A., Lázaro, I., Ranzani, O. T., Persavento, C., Delgado, A., Carol, A., Torrent, J., Gonzalez, J., Roso, E., Barrera-Gómez, J., López-Vicente, M., Boucher, O., Nieuwenhuijsen, M., Turner, M. C., Burgaleta, M., Canals, J., … Julvez, J. (2023). Effect of walnut consumption on neuropsychological development in healthy adolescents: a multi-school randomised controlled trial. *E Clinical Medicine*, 59, 101954. https://doi.org/10.1016/j.eclinm.2023.101954

46. Kumar, N., Abichandani, L. G., Thawani, V., Gharpure, K. J., Naidu, M. U., & Venkat Ramana, G. (2016). Efficacy of standardized extract of *bacopa monnieri* (Bacognize®) on cognitive functions of medical students: A six-week, randomized placebo-controlled trial. *Evidence-based Complementary and Alternative Medicine*, 4103423. https://doi.org/10.1155/2016/4103423

47. Mishra, M., Mishra, A. K., & Mishra, U. (2019). Brahmi (*bacopa monnieri Linn*) in the treatment of dementias – a pilot study. *Future Healthcare Journal*, 6 (1), 69. https://doi.org/10.7861/futurehosp.6-1-s69

48. Schneider, L. S., DeKosky, S. T., Farlow, M. R., Tariot, P. N., Hoerr, R., & Kieser, M. (2005). A randomized, double-blind, placebo-controlled trial of two doses of Ginkgo biloba extract in dementia of the Alzheimer's type. *Current Alzheimer Research*, 2 (5), 541–551. https://doi.org/10.2174/156720505774932287

49. Ihl, R., Bachinskaya, N., Korczyn, A. D., Vakhapova, V., Tribanek, M., Hoerr, R., Napryeyenko, O., & GOTADAY Study Group (2011). Efficacy and safety of a once-daily formulation of Ginkgo biloba extract EGb 761 in dementia with neuropsychiatric features: a randomized controlled trial. *International Journal of Geriatric Psychiatry*, 26 (11), 1186–1194. https://doi.org/10.1002/gps.2662

50. Herrschaft, H., Nacu, A., Likhachev, S., Sholomov, I., Hoerr, R., & Schlaefke, S. (2012). Ginkgo biloba extract EGb 761® in dementia with neuropsychiatric features: a randomised, placebo-controlled trial to confirm the efficacy and safety of a daily dose of 240 mg. *Journal of Psychiatric Research*, 46 (6), 716–723. https://doi.org/10.1016/j.jpsychires.2012.03.003

51. Lindskog, M., Svenningsson, P., Pozzi, L., Kim, Y., Fienberg, A. A., Bibb, J. A., Fredholm, B. B., Nairn, A. C., Greengard, P., & Fisone, G. (2002). Involvement of DARPP-32 phosphorylation in the stimulant action of caffeine. *Nature*, 418 (6899), 774–778. https://doi.org/10.1038/nature00817

52. Repantis, D., Bovy, L., Ohla, K., Kühn, S., & Dresler, M. (2021). Cognitive enhancement effects of stimulants: a randomized controlled trial testing methylphenidate, modafinil, and caffeine. *Psychopharmacology*, 238 (2), 441–451. https://doi.org/10.1007/s00213-020-05691-w

53. Stepan, M. E., Altmann, E. M., & Fenn, K. M. (2021). Caffeine selectively mitigates cognitive deficits caused by sleep deprivation. *Journal of Experimental Psychology. Learning, Memory, and Cognition*, 47 (9), 1371–1382. https://doi.org/10.1037/xlm0001023

54. Singh, P., Gollapalli, K., Mangiola, S., Schranner, D., Yusuf, M. A., Chamoli, M., Shi, S. L., Lopes Bastos, B., Nair, T., Riermeier, A., Vayndorf, E. M., Wu, J. Z., Nilakhe, A., Nguyen, C. Q., Muir, M., Kiflezghi, M. G., Foulger, A., Junker, A., Devine, J., Sharan, K., … Yadav, V. K. (2023). Taurine deficiency as a driver of aging. *Science*, 380 (6649), eabn9257. https://doi.org/10.1126/science.abn9257

55. Kammerer, M., Jaramillo, J. A., García, A., Calderón, J. C., & Valbuena, L. H. (2014). Effects of energy drink major bioactive compounds on the performance of young adults in fitness and cognitive tests: a randomized controlled trial. *Journal of the International Society of Sports Nutrition*, 11 (1), 44. https://doi.org/10.1186/s12970-014-0044-9

56. Skeide, M. A., & Friederici, A. D. (2016). The ontogeny of the cortical language network. *Nature Reviews Neuroscience*, 17 (5), 323–332. https://doi.org/10.1038/nrn.2016.23

57. Cona, G., & Scarpazza, C. (2019). Where is the “where” in the brain? A meta-analysis of neuroimaging studies on spatial cognition. *Human Brain Mapping*, 40 (6), 1867–1886. https://doi.org/10.1002/hbm.24496

58. Hawes, Z., Sokolowski, H. M., Ononye, C. B., & Ansari, D. (2019). Neural underpinnings of numerical and spatial cognition: An fMRI meta-analysis of brain regions associated with symbolic number, arithmetic, and mental rotation. *Neuroscience and Biobehavioral Reviews*, 103, 316–336. https://doi.org/10.1016/j.neubiorev.2019.05.007

59. Fischer, J., Mikhael, J. G., Tenenbaum, J. B., & Kanwisher, N. (2016). Functional neuroanatomy of intuitive physical inference. *Proceedings of the National Academy of Sciences of the United States of America*, 113 (34), E5072–E5081. https://doi.org/10.1073/pnas.1610344113

60. Pujol, J., Deus, J., Losilla, J. M., & Capdevila, A. (1999). Cerebral lateralization of language in normal left-handed people studied by functional MRI. *Neurology*, 52 (5), 1038–1043. https://doi.org/10.1212/wnl.52.5.1038

61. Zickert, N., Geuze, R. H., van der Feen, F. E., & Groothuis, T. G. G. (2018). Fitness costs and benefits associated with hand preference in humans: A large internet study in a Dutch sample. *Evolution & Human Behavior*, 39 (2), 235–248. https://doi.org/10.1016/j.evolhumbehav.2018.01.001

62. Kasdan, A. V., Burgess, A. N., Pizzagalli, F., Scartozzi, A., Chern, A., Kotz, S. A., Wilson, S. M., & Gordon, R. L. (2022). Identifying a brain network for musical rhythm: A functional neuroimaging meta-analysis and systematic review. *Neuroscience and Biobehavioral Reviews*, 136, 104588. https://doi.org/10.1016/j.neubiorev.2022.104588

63. Maynard, S. A., Ranft, J., & Triller, A. (2023). Quantifying postsynaptic receptor dynamics: insights into synaptic function. *Nature Reviews Neuroscience*, 24 (1), 4–22. https://doi.org/10.1038/s41583-022-00647-9

64. Rosen, B. Q., & Halgren, E. (2022). An estimation of the absolute number of axons indicates that human cortical areas are sparsely connected. *PLoS Biology*, 20 (3), e3001575. https://doi.org/10.1371/journal.pbio.3001575

65. Newton, P.M., & Salvi, A. (2020). How common is belief in the learning styles neuromyth, and does it matter? A pragmatic systematic review. *Frontiers in Education*, 5, 270. https://doi.org/10.3389/feduc.2020.602451

66. Pashler, H., McDaniel, M., Rohrer, D., & Bjork, R. (2008). Learning styles: Concepts and evidence. *Psychological Science in the Public Interest*, 9 (3), 105–119. https://doi.org/10.1111/j.1539-6053.2009.01038.x

67. Aslaksen, K., & Lorås, H. (2018). The modality-specific learning style hypothesis: A mini-review. *Frontiers in Psychology*, 9, 1538. https://doi.org/10.3389/fpsyg.2018.01538

68. Mets, D. G., & Brainard, M. S. (2019). Learning is enhanced by tailoring instruction to individual genetic differences. *eLife*, 8, e47216. https://doi.org/10.7554/eLife.47216

69. Li, J., & Deng, S. W. (2023). Facilitation and interference effects of the multisensory context on learning: a systematic review and meta-analysis. *Psychological Research*, 87 (5), 1334–1352. https://doi.org/10.1007/s00426-022-01733-4

70. Okray, Z., Jacob, P. F., Stern, C., Desmond, K., Otto, N., Talbot, C. B., Vargas-Gutierrez, P., & Waddell, S. (2023). Multisensory learning binds neurons into a cross-modal memory engram. *Nature*, 617 (7962), 777–784. https://doi.org/10.1038/s41586-023-06013-8

71. Mueller, P. A., & Oppenheimer, D. M. (2014). The pen is mightier than the keyboard: advantages of longhand over laptop note taking. *Psychological Science*, 25 (6), 1159–1168. https://doi.org/10.1177/0956797614524581

72. Freeman, S., Eddy, S. L., McDonough, M., Smith, M. K., Okoroafor, N., Jordt, H., & Wenderoth, M. P. (2014). Active learning increases student performance in science, engineering, and mathematics. *Proceedings of the National Academy of Sciences of the United States of America*, 111 (23), 8410–8415. https://doi.org/10.1073/pnas.1319030111

73. Hirnstein, M., Larøi, F., & Laloyaux, J. (2019). No sex difference in an everyday multitasking paradigm. *Psychological Research*, 83 (2), 286–296. https://doi.org/10.1007/s00426-018-1045-0

74. Lauer, J. E., Yhang, E., & Lourenco, S. F. (2019). The development of gender differences in spatial reasoning: A meta-analytic review. *Psychological Bulletin*, 145 (6), 537–565. https://doi.org/10.1037/bul0000191

75. Shakeshaft, N. G., Rimfeld, K., Schofield, K. L., Selzam, S., Malanchini, M., Rodic, M., Kovas, Y., & Plomin, R. (2016). Rotation is visualisation, 3D is 2D: using a novel measure to investigate the genetics of spatial ability. *Scientific Reports*, 6, 30545. https://doi.org/10.1038/srep30545

76. Tarampi, M. R., Heydari, N., & Hegarty, M. (2016). A Tale of Two types of perspective taking: sex differences in spatial ability. *Psychological Science*, 27 (11), 1507–1516. https://doi.org/10.1177/0956797616667459

77. Kersey, A. J., Braham, E. J., Csumitta, K. D., Libertus, M. E., & Cantlon, J. F. (2018). No intrinsic gender differences in children's earliest numerical abilities. *Science of Learning*, 3, 12. https://doi.org/10.1038/s41539-018-0028-7

78. Anderson, A., Chilczuk, S., Nelson, K., Ruther, R., & Wall-Scheffler, C. (2023). The myth of man the hunter: Women's contribution to the hunt across ethnographic contexts. *PloS One*, 18 (6), e0287101. https://doi.org/10.1371/journal.pone.0287101

79. Pašukonis, A., Serrano-Rojas, S. J., Fischer, M. T., Loretto, M. C., Shaykevich, D. A., Rojas, B., Ringler, M., Roland, A. B., Marcillo-Lara, A., Ringler, E., Rodríguez, C., Coloma, L. A., & O'Connell, L. A. (2022). Contrasting parental roles shape sex differences in poison frog space use but not navigational performance. *eLife*, 11, e80483. https://doi.org/10.7554/eLife.80483

80. Pintzka, C. W., Evensmoen, H. R., Lehn, H., & Håberg, A. K. (2016). Changes in spatial cognition and brain activity after a single dose of testosterone in healthy women. *Behavioural Brain Research,* 298 (B), 78–90. https://doi.org/10.1016/j.bbr.2015.10.056

81. Blomstrand, P., & Engvall, J. (2021). Effects of a single exercise workout on memory and learning functions in young adults—A systematic review. *Translational Sports Medicine*, 4 (1), 115–127. https://doi.org/10.1002/tsm2.190

82. Ciria, L. F., Román-Caballero, R., Vadillo, M. A., Holgado, D., Luque-Casado, A., Perakakis, P., & Sanabria, D. (2023). An umbrella review of randomized control trials on the effects of physical exercise on cognition. *Nature Human Behaviour*, 7 (6), 928–941. https://doi.org/10.1038/s41562-023-01554-4

83. Ding, D., Mutrie, N., Bauman, A., Pratt, M., Hallal, P. R. C., & Powell, K. E. (2020). Physical activity guidelines 2020: comprehensive and inclusive recommendations to activate populations. *Lancet*, 396 (10265), 1780–1782. https://doi.org/10.1016/S0140-6736(20)32229-7

84. van Praag, H., Kempermann, G., & Gage, F. H. (1999). Running increases cell proliferation and neurogenesis in the adult mouse dentate gyrus. *Nature Neuroscience*, 2 (3), 266–270. https://doi.org/10.1038/6368

85. Courellis, H. S., Minxha, J., Cardenas, A. R., Kimmel, D. L., Reed, C. M., Valiante, T. A., Salzman, C. D., Mamelak, A. N., Fusi, S., & Rutishauser, U. (2024). Abstract representations emerge in human hippocampal neurons during inference. *Nature*, 632 (8026), 841–849. https://doi.org/10.1038/s41586-024-07799-x

86. van Praag, H., Christie, B. R., Sejnowski, T. J., & Gage, F. H. (1999). Running enhances neurogenesis, learning, and long-term potentiation in mice. *Proceedings of the National Academy of Sciences of the United States of America*, 96 (23), 13427–13431. https://doi.org/10.1073/pnas.96.23.13427

87. Simonsmeier, B. A., Flaig, M., Deiglmayr, A., Schalk, L., & Schneider, M. (2022). Domain-specific prior knowledge and learning: A meta-analysis. *Educational Psychologist*, 57 (1), 31–54. https://doi.org/10.1080/00461520.2021.1939700

88. Kang, M. J., Hsu, M., Krajbich, I. M., Loewenstein, G., McClure, S. M., Wang, J. T., & Camerer, C. F. (2009). The wick in the candle of learning: epistemic curiosity activates reward circuitry and enhances memory. *Psychological Science*, 20 (8), 963–973. https://doi.org/10.1111/j.1467-9280.2009.02402.x

89. Galli, G., Sirota, M., Gruber, M. J., Ivanof, B. E., Ganesh, J., Materassi, M., Thorpe, A., Loaiza, V., Cappelletti, M., & Craik, F. I. M. (2018). Learning facts during aging: the benefits of curiosity. *Experimental Aging Research*, 44 (4), 311–328. https://doi.org/10.1080/0361073X.2018.1477355

ÜBER DEN AUTOR

Dr. Michael Skeide wurde nach dem Studium in Heidelberg und Harvard in Leipzig promoviert und in Berlin habilitiert. Seit 2020 ist er Forschungsgruppenleiter am Max-Planck-Institut für Kognitions- und Neurowissenschaften. In seinen Untersuchungen befasst er sich mit der frühkindlichen und pränatalen Entwicklung des menschlichen Gehirns. Dabei geht er unter anderem der Frage nach, wie Lernprozesse aus elektromagnetischen Signalen des heranreifenden Gehirns entschlüsselt werden können. Über seine vielfach ausgezeichneten wissenschaftlichen Arbeiten berichteten unter anderem die FAZ, der Spiegel, die Neue Zürcher Zeitung und die Washington Post.